Jakob+
MacFarlane

Jakob+ MacFarlane

PHILIP JODIDIO

Flammarion

Sommaire
Contents

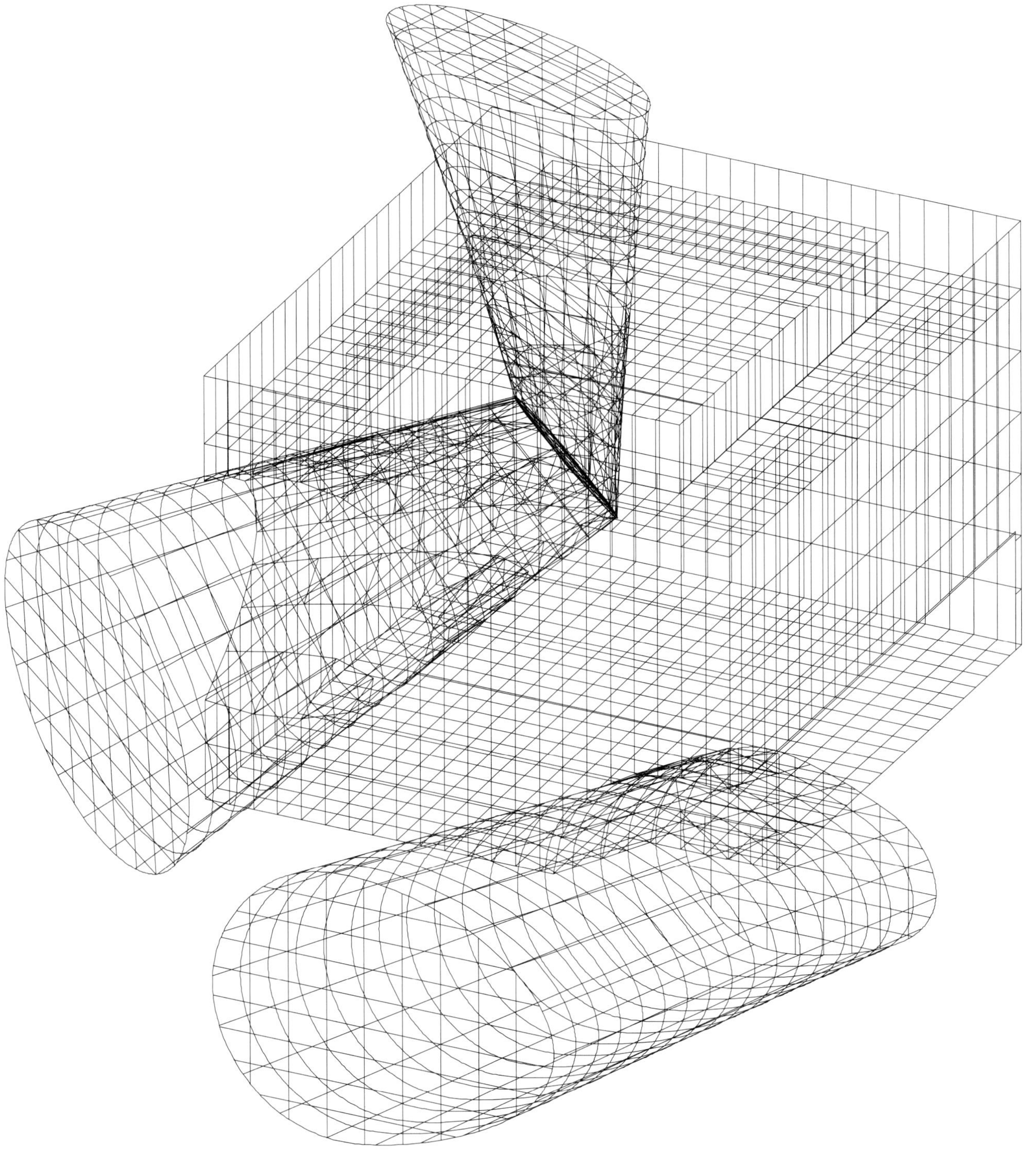

Explorer les limites
Exploring the Limits

Dominique Jakob et Brendan MacFarlane forment un binôme inattendu associant des origines et des sensibilités différentes mais complémentaires. Il est rare en effet que l'approche française de l'architecture contemporaine rejoigne celle du monde anglophone (en l'occurrence ici la Nouvelle-Zélande, le Royaume-Uni et le sud de la Californie). La différence qui sépare ces deux conceptions peut échapper à quiconque ne connaît pas la France. Car bien peu d'architectes français ont percé sur la scène internationale ces dernières années, à l'exception notable de Jean Nouvel et de Christian de Portzamparc, tous deux lauréats du prix Pritzker. Ce double regard, plus large, est une des cartes maîtresses de Dominique Jakob et Brendan MacFarlane – une sorte d'ouverture d'esprit naturelle qui leur est bénéfique. Tous deux sont curieux et sensibles, pas le moins du monde dogmatiques. S'ils se préoccupent de théorie, c'est toujours au profit de l'architecture et non de leur propre notoriété.

Leurs créations font souvent appel à des formes et des couleurs surprenantes, mais qui ont toujours leur raison d'être. Ces choix n'ont rien à voir avec le désir de choquer ou de se distinguer à tout prix. Une analyse rapide de leur parcours pourrait laisser penser que Dominique Jakob et Brendan MacFarlane s'appuient uniquement sur les formes libres que les logiciels informatiques ont rendu possibles à la fin du XXe siècle. Pourtant un examen minutieux révèle qu'ils restent attachés au contexte spécifique de chaque projet. S'ils ne rejettent pas les formes modernistes, ils ont à cœur d'utiliser les structures ou les influences préexistantes pour enraciner leurs constructions dans leur contexte. Cette volonté de mélanger l'existant avec ce qu'ils sont en train de créer ne s'inscrit pas dans l'esprit du mouvement moderne, et encore moins dans l'approche radicale de la *tabula rasa* de Walter Gropius.

Dominique Jakob et Brendan MacFarlane ont imaginé des structures autoportantes – comme la Maison connectée à Boulogne-Billancourt, près de Paris – qui se distinguent non seulement par leurs formes inhabituelles, mais aussi par leur enracinement quasi littéral dans un quartier et un environnement. D'un point de vue purement esthétique, ils n'ont pas de style précis : leurs bâtiments diffèrent les uns des autres. Ils ont cependant une approche de l'architecture qui leur est propre et qui se retrouve dans chacun

Dominique Jakob and Brendan MacFarlane make an unexpected pair, bringing together origins and sensitivities that are different but complementary. Indeed, French contemporary architecture does not often fully take into account an approach shared by the English-speaking world, which in this instance combines New Zealand, the UK, and Southern California. For those not familiar with France, the depths of this divide may be difficult to perceive, but it is true that, recently, few French architects have been significant figures on the international scene—with the exception of Jean Nouvel and Christian de Portzamparc, both Pritzker Prize winners. Thus, the dual or even broader background of Jakob + MacFarlane is a significant advantage to them—a kind of innate openness that serves them well. Both architects are indeed personally open and sensitive, not in the least dogmatic, and if theory is a concern, it has to do with their perception of the fundamentals of architecture as opposed to a search for fame.

Their buildings often take on surprising forms and colors, but as they explain it, there are very good reasons for this. These gestures are not at all related to a desire to shock or to stand out more than a given project requires. An early assessment of their career might have given the impression that they were dedicated to the kind of free forms that computer systems began to permit at the turn of the twenty-first century, and yet closer examination shows that they are always rooted in elements of the specific context of each project. They do not reject orthogonal modernist forms; rather, they make use of existing grids or influences and build on context. In itself, this willingness to mix what exists with what they are creating is not in the modernist spirit, or at least not the *tabula rasa* approach of figures like Gropius.

Dominique Jakob and Brendan MacFarlane have designed freestanding structures like the Connected House in Boulogne-Billancourt, near Paris, which stand out because of their unusual forms, but here, too, there is an almost literal idea of rootedness in the neighborhood and vis-à-vis nature. Clearly, in terms of appearance, Jakob + MacFarlane do not have a specific style; their buildings are quite different from each other, and yet they might argue that they do indeed have an approach to architecture that is affirmed

de leurs projets. Contrairement à d'autres architectes qui ne s'expriment que par de longs discours, Brendan MacFarlane et Dominique Jakob s'expliquent avec simplicité, et c'est sans doute ce qui les rend si exceptionnels. Les bâtiments qu'ils créent parlent avec une intelligibilité qui leur est propre ; ils sont pensés pour l'utilisateur et non pour une simple prouesse visuelle. Ce qui ne les empêche pas de répondre à l'envie – voire le besoin – de commanditaires de construire un « signal » fort au cœur du tissu urbain.

Le premier coup d'éclat de la carrière de Dominique Jakob et Brendan MacFarlane a été la réalisation du restaurant Georges (2000), au dernier étage du Centre Pompidou, à Paris. À l'édifice aux allures industrielles conçu en 1977 par Piano & Rogers, ils ont osé ajouter des éléments organiques, fluides, en faisant largement appel aux outils de design assistés par ordinateur. Ce projet les a fait connaître, mais il a conduit à une certaine catégorisation de leur travail, à une époque où les « blobs » informatiques commençaient à s'imposer. Or, contrairement aux formes architecturales totalement libres conçues à l'époque par ordinateur, leur projet s'est tout de suite inscrit dans une relation intime avec le bâtiment original, ce qui fait toujours le franc succès du Georges.

À l'occasion d'un entretien, Dominique Jakob et Brendan MacFarlane reviennent sur la conception de ce projet, en soulignant le lien entre les formes qu'ils ont créées et le cadre d'origine. Ils évoquent aussi leur volonté de créer un paysage qui fasse non seulement partie du Centre Pompidou, mais de Paris tout entier.

and repeated in each project. Unlike some other practitioners who layer their descriptions with jargon, Brendan MacFarlane and Dominique Jakob speak clearly, and it is in this that they may be the most outstanding. Their buildings speak with the clarity that is theirs; they are intended for users and not for superficial images. That said, the architects are willing to oblige clients who seek a "signal," as is often the case in urban environments where the urge (or need) to stand out is frequently present.

Dominique Jakob and Brendan MacFarlane first came to broader public attention with their design for the Georges Restaurant (2000) which sits atop the Centre Pompidou in Paris. For the machine-like feeling of the 1977 Piano & Rogers building, they dared to create organic or fluid elements for the restaurant, making extensive use of computer-driven design tools. This project not only brought them to public attention, but also resulted in a certain categorization of their work at a time when computer "blobs" were coming to the fore. But unlike the truly free-form structures being designed at the time with the aid of computers, their shapes had an intimate relationship with the original building, something that can still be felt today in the very successful Georges Restaurant.

Here, in an interview, they describe the concept in their own words and emphasize the relation of their forms to the original grid, as well as the idea of creating a landscape which is part not only of the Centre Pompidou, but of Paris itself.

Disparité et bouleversement

PHILIP JODIDIO Très souvent dans votre travail, vous faites référence à une trame, comme pour le restaurant Georges ou le Cube orange à Lyon. Trame que vous brisez ou déformez, tout en la conservant comme base de vos créations.
DOMINIQUE JAKOB Pour le restaurant Georges, la trame originale de Piano & Rogers posait le contexte. Le Centre Pompidou est une œuvre structuraliste dans laquelle tous les fluides – l'eau, l'air, l'électricité – sont visibles. On peut les comparer à la peau ou à la chair du bâtiment, la trame étant le squelette. La trame définit l'édifice tout entier, de la structure primaire aux éléments tertiaires. Elle devient également une structure tridimensionnelle qui lui donne une cohérence spatiale. Une fois que nous nous sommes rendu compte de cela, nous nous sommes appropriés ce contexte géométrique qui permet une nouvelle intervention : dans ce cas, une déformation de la matrice. Cette dernière nous a offert un cadre neutre dans lequel nous étions

Disparity and Dislocation

PHILIP JODIDIO Quite often in your work, you refer to a grid, as you did for the Georges Restaurant or the Orange Cube in Lyon. Then you break or distend the grid while still using it as the basis for your design.
DOMINIQUE JAKOB For the Georges Restaurant, we referred to the original Piano & Rogers grid as the context. The Centre Pompidou is a structuralist piece where all the fluids—water, air, electricity, and more—are represented. These might be analogous to the skin or flesh of the building if the grid represents the skeleton. The original grid defines the whole building, from primary structure through to tertiary elements. The grid also becomes a three-dimensional matrix which makes it spatial. Once we came to that realization, it gave us a geometric context which could allow a new intervention, in this case a deformation of the matrix. The matrix gave us a neutral structure into which we could insert a new project. In the later Orange Cube in Lyon, we refer to the same preoccupation with

libres d'insérer un nouveau projet. Dans le Cube orange réalisé à Lyon un peu plus tard, nous avons eu la même approche de la trame ou matrice, que nous avons évidée. C'est grâce à la trame que nous avons pu dialoguer avec les éléments préexistants pour en extraire quelque chose de nouveau.

P.J. Ce qui s'étendait au-delà, la vue sur Paris, n'est pas entré en ligne de compte ?
BRENDAN MACFARLANE Si, ce qui est intéressant, c'est la manière dont nous avons cherché à se glisser à l'intérieur du volume du Centre Pompidou. À partir de là, nous faisions, en un sens, partie de l'environnement urbain de Paris. Nous avions l'ambition de créer un cadre urbain à l'intérieur du Centre. Nous avons imaginé des espaces de circulation semblables à des rues, où les visiteurs pouvaient passer d'une zone à une autre. À certains endroits de la terrasse extérieure du restaurant, les visiteurs sont littéralement dans le ciel de Paris. Cette relation avec la ville s'exprime également dans les matériaux et les couleurs. Nous avons utilisé l'aluminium pour les revêtements et le gris pour les sièges, afin de rappeler les bâtiments en pierre et le ciel de Paris.

P.J. Le Centre Pompidou a encore aujourd'hui des allures de créature mécanique. Ce que vous avez fait avec le restaurant est délibérément organique, par exemple dans les courbes des volumes, que l'on ne retrouve que dans les tubes du bâtiment original.
D.J. Le soir où nous devions livrer le projet, vers minuit, Renzo Piano a fait son apparition. Nous ne l'avions jamais rencontré. Il s'est avancé lentement vers nous. Nous étions vraiment inquiets : comment allait-il réagir ? C'était notre premier grand projet. Il a eu l'élégance de nous dire que le Centre Pompidou attendait un projet comme celui-là. Il avait pensé son œuvre comme ouverte à une expression plus fluide, à une forme plus libre. D'ailleurs, dans l'architecture d'origine, on ressent une part organique – elle est déjà vivante. Il est intéressant de voir à quel point un design géométrique peut intégrer une autre approche de cette même géométrie.

P.J. Vous parlez de votre conception architecturale du Georges comme d'une sorte de peau en caoutchouc sur laquelle on aurait placé des poids, un peu comme les maquettes qui montrent le champ gravitationnel des planètes. Qu'entendez-vous par là ?
B.M. Nous avons utilisé un certain nombre d'analogies pour décrire notre approche conceptuelle. L'idée de la déformation des surfaces du sol était fondamentale. C'était le seul espace à notre disposition ; il nous semblait donc crucial de le déformer. Cela nous a permis de relier quatre éléments programmatiques distincts. Grâce à cela, ces éléments partagent la même origine

the grid or matrix from which we made a subtraction. The grid permitted us to dialogue with the existing condition and then to do something new.

P.J. And what was beyond, the views of Paris, was not a part of your thinking?
BRENDAN MACFARLANE What is interesting is how we sought to get inside the volume of the Centre Pompidou. Once we were part of the volume, we were, in a sense, part of the urban environment of Paris. We were very interested in creating an urban condition within the Centre. Using the available surface, we imagined street-like circulation spaces where users could wander through the different programmatic areas. Part of the restaurant is an outdoor terrace and at some points, visitors are literally in the skies of Paris. This relation was also expressed in the materials and colors. We used aluminum for the shells and gray for the chairs, as an expression of continuity with the stone buildings and sky of Paris.

P.J. The Centre Pompidou appears even now as a kind of mechanical creature. What you have done with the restaurant is willfully organic, for example in the curvature of the volumes, which is present in the Centre only in the tubes of the original building.
D.J. The night we were delivering the project, Renzo Piano walked in at midnight, and we had never met him. He walked toward us slowly. We were truly worried about his reaction; it was our first major project. He had the grace to tell us that the Centre Pompidou had been waiting for a project like this. He meant that his design was open to a more fluid expression, more free form. You can say that an organic element is somehow implied in the original architecture—it is already alive. It is interesting that a geometric design can actually imply another geometry.

P.J. You referred to your design as starting with a kind of rubber sheet in which weights might be placed, much like models that show the gravitational field of planets. Perhaps this is not immediately obvious.
B.M. There are a number of analogies that we made to describe the conceptual approach. The idea of deformation of the surface of the floor was fundamental. It was the only space available to us, so the idea of deforming it seemed a key thing. This gave us a way of linking four disparate programmatic elements across space. In so doing, the elements end up sharing the same spatial, material, and conceptual origin. It is in the disparity or the dislocation that the project becomes interesting. We imagined the design as not being entirely visible from any one point, in some sense inviting the observer to get up and move. It is in this act of discovery that one begins to understand that there is a play on geometry. Spaces inside are conceived as having more than one function. The bar also shows videos from the Centre Pompidou

spatiale, matérielle et conceptuelle. C'est dans la disparité ou le bouleversement que le projet devient intéressant. Nous avons imaginé un design qui ne serait pas entièrement visible depuis un point donné, invitant en quelque sorte le visiteur à se lever et à se déplacer. C'est en parcourant l'espace pour le découvrir que l'on commence à comprendre ce jeu avec la géométrie. Les espaces intérieurs sont conçus pour remplir plus d'une fonction. Le bar diffuse ainsi des vidéos de la collection du Centre Pompidou. Il y a un dialogue intentionnel, non seulement en termes de géométrie mais aussi avec le Centre lui-même. Il existe une connectivité significative à un degré second, mais il faut que chacun le découvre par lui-même.

Paysages urbains

Cette vision du restaurant Georges par Jakob + MacFarlane est une excellente illustration de leur capacité à utiliser et même à absorber la trame architecturale d'un grand bâtiment moderne pour s'y adapter, pour l'habiter en utilisant des formes libres ancrées dans la structure. Il y a une évidence dans cette méthode, qui finit par apparaître aux visiteurs, sans même qu'ils aient connaissance des détails. C'est l'une des qualités essentielles de leur intervention, qui n'est pas forcément décelable au premier regard. Au-delà de leur déformation de la trame, les architectes évoquent également un autre élément significatif de leurs projets : la volonté de créer un paysage.

P.J. L'idée selon laquelle on ne doit pas être en mesure de voir toutes les formes depuis un seul point se retrouve dans le jardin du Ryōan-ji à Kyoto, où il est impossible de voir toutes les pierres d'un seul regard. Dans le cas des Docks, votre bâtiment en bord de Seine, à Paris, il y a un paysage sur le toit. Les jardins sont souvent présents sous une forme ou sous une autre dans votre travail.
D.J. Le paysage a une grande incidence sur notre travail. Brendan et moi avons voyagé dans le monde entier et avons vécu dans des paysages extraordinaires que nous avons beaucoup explorés et qui nous ont largement influencés. Quand on vit, par exemple, en Afrique ou en Nouvelle-Zélande, on est nécessairement marqué par la puissance des paysages. La force de ces espaces est phénoménale. Peut-être l'idée de pouvoir parcourir nos projets, de pouvoir les traverser, est-elle influencée par de telles expériences : pouvoir se déplacer à travers un ou plusieurs paysages.

P.J. Mais la plupart de vos créations sont situées dans des environnements urbains.

collection. There is a deliberate dialogue not only in terms of geometry but also with the Centre itself. There is significant connectivity that goes on a secondary level, but one has to discover that.

Urban Landscapes

The explanation given by Jakob + MacFarlane of the Georges Restaurant is an indication of their ability to use and indeed absorb the original grid of a major modern building and to adapt to it, to inhabit it using free forms that are rooted in the reality of the original architecture. There is an inherent truth in this method which ultimately becomes apparent to visitors even if they are not aware of the specifics. There is a natural quality to their intervention that a first inspection does not necessarily reveal. Beyond their deformation of the grid, however, the architects evoke another significant element that runs through their designs—the idea of creating a landscape.

P.J. The idea of not being able to see all the forms from any one vantage point brings to mind the example of the garden of Ryōan-ji in Kyoto, where it is impossible to see all the stones at once. In the case of your building on the Seine in Paris, the Docks, there is a landscape on the roof. Gardens are frequently present in one form or another in your work.
D.J. Landscape has a huge impact on our work. Brendan and I have traveled all over the world and we have lived in extraordinary landscapes, which have very much affected us, and we have explored them a great deal. It is not literal, but living in Africa or New Zealand, for example, one is impacted by the landscape, and the power of the spatial experience is phenomenal. Maybe the idea of walking through our projects is influenced by such thoughts. Moving through a landscape or through different sequences.

P.J. But most of your work is in urban contexts.
D.J. Somehow it has to do with creating landscapes in the city. We see architecture as creating landscape.

D.J. En quelque sorte nous voulons créer des paysages dans la ville. Nous voyons l'architecture comme un moyen de fabriquer des paysages. Le Frac Centre, les Docks et les logements Hérold sont intégrés dans leur contexte. Pour chacun de ces projets, nous nous sommes efforcés de les imaginer dans leur environnement et dans leur façon d'interagir avec lui. C'est une part significative de notre travail. De même pour la Community House de Knokke : l'horizontalité du quartier est reliée à la nouvelle verticalité de la tour d'habitation. Pour les Docks, situés sur les quais de Seine dans le XIIIe arrondissement de Paris, très gris, nous avons intégré le projet dans le paysage existant, où le fleuve est l'élément principal. Le choix de la couleur du bâtiment a été dicté par la Seine, souvent d'un vert profond, et par les arbres qui bordent les quais.
B.M. La question de la jonction entre le paysage urbain et le paysage fluvial est un élément extrêmement fort de l'histoire de Paris. Sur les quais, il y a de nombreuses et magnifiques cales qui descendent vers la Seine. Ce dialogue entre la ville et l'eau est devenu essentiel pour nous. Nous avons commencé avec un bâtiment long et fin, et avons cherché à établir une sorte de point de suture entre le fleuve et la ville – c'était une façon de rattacher à son contexte un élément déconnecté.

P.J. Mais les toits végétalisés sont plutôt rares à Paris.
D.J. Le programme des Docks était totalement ouvert. Nous aurions même pu démolir le bâtiment si nous l'avions souhaité. Beaucoup le trouvaient d'ailleurs très laid. Mais nous y avons vu une structure fascinante, d'où l'on pouvait voir le fleuve et les arbres. L'idée d'utiliser le toit et de participer au paysage est devenue évidente.
B.M. Quand nous avons visité le site des Docks pour la première fois, nous sommes montés sur le toit. En réalité, il était déjà végétalisé, car couvert de mousse. Un état de fait qui nous a marqués. Pour nous, les toits végétalisés doivent faire partie intégrante de notre façon de construire une ville. C'est l'un des outils dont nous avons besoin pour lutter contre le réchauffement climatique. De la même manière, notre projet de logements Hérold prend en compte de nombreux éléments environnementaux (avant qu'ils ne soient imposés). Nous savions qu'en créant des toits végétalisés nous pouvions contribuer à réduire les îlots de chaleur en ville et donner une cinquième façade au bâtiment.

P.J. Vous avez très tôt placé l'environnement au cœur de vos projets. Pour quelle raison ?
B.M. En tant qu'architectes, nous avons toujours été sensibles à l'environnement. C'est même devenu un élément central de notre travail. Dans nos premiers projets, comme le monument à la Mémoire et à la Paix en Normandie ou la Maison-puzzle, la nature était déjà au cœur de notre sujet, dans un cadre certes contraint

The ways in which architecture is integrated into a context in the case of the FRAC Centre, the Docks, and the Hérold housing project—in each instance, these projects have a story about how we imagined them in their environment and how they interconnect with it. This is a significant part of our work. The same is true of the Community House in Knokke—the horizontality of the neighborhood is related to the new verticality of the housing tower. The Docks building in Paris is located in the 13th arrondissement, on the bank of the Seine in a very gray environment. We imagined the project as part of the existing landscape, which is almost literally fluid.... The Seine is often dark green and there are a lot of trees along the quays, which explains our choice of the color for the building.
B.M. The issue of moving between landscape and waterscape is a very significant element in the history of Paris. You see so many beautiful boat ramps going up and down all along the banks of the Seine. That discourse between urban surfaces and the water became primordial for us. We started with a long thin building and we sought to make a kind of stitch between the river and the city—a way of linking a disconnected piece to its context.

P.J. But green roofs are not that common in Paris.
D.J. The program of the Docks was actually totally open. We could even have demolished the building if we had wanted to. It was perceived as an ugly building, but we found it to be a fascinating matrix. From there we saw the river and the trees—the idea of using the roof and creating our own part of the landscape became immediately evident.
B.M. When we had our first full site visit, we went up to the roof of the existing building. It was actually already green with moss, and that reality was of great interest to us. We believe that green roofs are a vital part of how we build in a city. This is one of the tools that we need to fight climate change. Our Hérold housing project considers many different environmental elements. We knew that by creating a green roof we could reduce heat in the city and create a fifth façade of the building.

P.J. From the outset, you have put environmental concerns at the heart of your projects, why is that ?
B.M. As architects, we have always been concerned with nature, but it gradually became central to much of our work. In early projects, such as the Memory and Peace Memorial in Normandy or the Puzzle House, nature was already a major subject—perhaps considered within a more controlled framework, but always associated with natural and living elements. Recently, the idea of combining our buildings with nature as a material has taken on greater meaning, as is the case with Reykjavik's Living Landscape, where nature steps in as a kind of people's forest. This is a green space around and into which housing is built.

mais qui toujours s'associait à des éléments naturels et vivants. Récemment, l'idée d'associer étroitement nos bâtiments avec la nature, dans une réflexion bas carbone plus globale, a pris une signification plus importante à l'image du Living Landscape à Reykjavik, où la nature s'impose, telle une forêt ouverte à tous, autour et à l'intérieur de laquelle les logements sont construits.

D.J. Avant cela, le projet des logements sociaux Hérold intégrait déjà une conception environnementale. La végétation, tout particulièrement avec les espaces de jardins partagés du rez-de-chaussée, fait partie intégrante du projet. Comme nous voulions préserver des arbres centenaires, nous avons choisi de concevoir les appartements autour d'eux et de les mettre au centre des espaces de circulation. Nous avons également tenu compte de l'environnement dans la conception du bâtiment en installant des panneaux solaires, des systèmes de récupération des eaux de pluie, des jardins d'hiver et des coursives à l'air libre, faisant office également d'écran solaire.

Nous avons aussi travaillé à intégrer le paysage dans la « cinquième façade » de nos projets. Dans les Docks, la nature devient un élément du langage arborescent global, formant de petites collines sur le toit-terrasse. À Reykjavik, les espaces et terrasses partagés du toit végétalisé prennent des airs de toundra. Avec sa forme circulaire, le Living Landscape offre une protection contre le vent et abrite une « forêt partagée » dont les chemins sont ouverts aux promeneurs et aux véhicules non-motorisés, le tout à proximité d'une future ligne de tramway, en lien avec la politique de Reykjavik visant à supprimer la plupart des places de stationnement individuelles.

B.M. À Knokke-Heist, des serres sont disséminées à tous les étages du bâtiment et insérées entre les logements individuels pour créer des espaces de jardins permanents protégés du vent et du froid. Cette idée de faire entrer le paysage à l'intérieur ou entre les bâtiments est portée à un niveau supérieur dans le projet Energy Plug de l'Odyssée Pleyel à Saint-Denis, où une serre verticale géante est fixée à la façade sud de la structure existante. En plus de fournir des récoltes toute l'année aux résidents, elle permet de réguler la température ambiante aussi bien dans les parties anciennes du bâtiment que dans les nouvelles.

D.J. En incluant la nature dans notre travail, nous essayons de mettre les gens en contact avec ce qui nous manque le plus en ville. Si la nécessité d'atténuer les effets du réchauffement climatique joue un rôle important dans cette quête visant à fusionner architecture et nature, il s'agit aussi de créer de plus nombreuses occasions d'être au contact direct de la nature dans un cadre urbain. Les architectes ont un rôle à jouer en proposant des projets plus neutres en carbone, pour le climat.

D.J. Still earlier, the Hérold social housing project involved aspects relating to the environment. Nature, especially in the shared garden spaces on the ground-floor level, is very much a part of this project. In order to preserve a series of old trees, we designed the apartments around them, making the trees the focus for the circulation spaces. At the same time, we've introduced nature into the systems of the building, through solar panels, rain-water recuperation, winter gardens, and open-air access. We also have an interest in integrating nature into the "fifth façade" of our projects. In the Docks, nature becomes part of the project's overall arborescent language, emerging as hill-like forms on the rooftop, while in Reykjavik the vegetated rooftop appears as a continuous, tundra-like surface of shared programs and terraces. The O-shaped Living Landscape building will offer protection from the wind and shelter a "shared forest" whose paths are open to strollers and human-powered mobility vehicles—all of this in close proximity to a future tramway line and in sync with Reykjavik's policy of removing individual parking spaces.

B.M. In Knokke, glasshouses are scattered across the building's floors and inserted between individual homes to create year-round garden spaces that are protected from wind and cold. The idea of bringing, or enclosing, nature in buildings is taken to the next level in the Energy Plug for the Odyssée Pleyel project in Saint-Denis, where a gigantic vertical glasshouse is clipped onto the south-facing side of the existing structure—not only to provide year-round crops for the community, but also to generate an ambient temperature inside both the old and the new parts of the building.

D.J. By integrating nature into our work, we are trying to bring people into contact with the element they are most missing in cities. The need to mitigate the effects of global warming plays an important role in this quest for an increasing integration of architecture and nature, but it is also about creating more opportunities for direct contact with nature in the urban environment. Architects can certainly play an important part in proposing more carbon-neutral projects in favor of the world's climate.

B.M. We call on environmental engineers quite early in the conceptual phase of our projects. This is how we developed the idea of a green production wall that would double as a thermal air generator in Saint-Denis. Climate change has made it urgent for architects to reduce the carbon footprint generated by their interventions, both during construction and throughout the life of the building. Since demolition is a major source of CO_2, our first idea is to upgrade the existing built environment by adding extensions that actively compensate for the carbon deficit of the existing building.

D.J. This logic reaches its climax with the C40 Reinventing Cities experiment in the Parisian suburb

B.M. Nous faisons intervenir des ingénieurs spécialistes de l'environnement assez tôt dans la phase conceptuelle de nos projets. C'est ainsi que nous avons développé à Saint-Denis l'idée d'une serre verticale nourricière, qui jouerait le rôle de régulateur thermique.
Le changement climatique impose aux architectes de réduire l'empreinte carbone de leurs projets, à la fois pendant la construction et pendant la durée de vie du bâtiment. La démolition étant l'une des principales sources d'émission de CO_2, notre première démarche consiste à valoriser l'existant en y ajoutant des extensions qui compenseront activement son déficit carbone.
D.J. Cette logique est en effet au cœur de l'expérience « C40 Reinventing Cities » de Saint-Denis. Le projet, baptisé Energy Plug, a pris forme dans une usine monumentale et extrêmement polluante des années 1930. Une première option aurait pu consister à se débarrasser de cette majestueuse carcasse, mais il a été finalement décidé de conserver intact cet héritage industriel, tout en abandonnant l'utopie de l'adapter entièrement aux critères énergétiques contemporains. Le projet a su tirer parti du formidable volume du bâtiment, digne d'une cathédrale, tout en assurant un confort climatique par l'ajout d'une extension orientée au sud dotée d'une serre productive intégrée. Les solutions d'efficacité énergétique mises en œuvre dans ce projet ont permis de le présenter comme modèle des futures « énergies nouvelles ». D'autant plus que le bâtiment lui-même joue le rôle de prototype à taille réelle, donc potentiellement reproductible ailleurs. Nous voyons à quel point les technologies évoluent rapidement aujourd'hui.
Cela offre des solutions extraordinaires pour générer et économiser de l'énergie, et ainsi réduire la pollution de l'air. L'architecture est en contact avec une foule de talents différents. Ce qui, espérons-le, pourra contribuer à un changement de paradigme.

of Saint-Denis. The project, called the Energy Plug, stemmed from a monumental, highly polluting 1930s factory. A clean sweep of this opulent carcass would have been a first option, yet the final decision was to keep the industrial heritage intact while abandoning the dream of bringing it up to contemporary energy standards. With the existing building remaining as is, the design made the most of its formidable, cathedral-sized volume while ensuring climatic comfort with the help of a south-facing plug-over structure with an incorporated productive greenhouse. Overall, the collection of energy-efficient solutions incorporated in the project allow it to serve as a future "new energies" demonstrator. This is especially the case as the building itself will act as a life-sized prototype, potentially replicable elsewhere. We are witnessing how fast technology is moving these days: it offers some extraordinary solutions for generating and saving energy, as well as reducing air pollution. Our practice is in contact with many different talents, hopefully contributing at our own level to a paradigm shift.

Repousser les limites

Le travail de Jakob + MacFarlane s'attache souvent à unir des éléments que tout oppose en apparence, comme la trame et la forme libre. Concevoir un paysage à partir de longues promenades et d'expériences personnelles des lieux peut être le signe d'une grande liberté – infinie, peut-être. Pourtant, ici encore, les architectes cherchent à se confronter aux limites, souvent liées à l'environnement marqué par les contraintes locales d'urbanisme et les bâtiments existants. Plutôt que de se contenter de construire sagement à l'intérieur d'un cadre donné, ils essaient de se projeter dans une enveloppe tridimensionnelle.

Pushing to the Limit

The work of Jakob + MacFarlane is often an exercise in bringing together apparently opposing elements in a design, such as the grid and the free form. The idea of a landscape informed by their own personal experiences and long walks together would appear to be very free—ultimately unlimited—and yet here, too, they seek limits and, of course, readily find themselves in an urban environment in the form of local building regulations, sites, or existing buildings. They try to imagine the outer three-dimensional envelope of a site and to push toward it, rather than just building inside of site boundaries.

B.M. Les règles de construction à Paris ne nous permettaient qu'une surélévation partielle du toit des Docks. Le défi était de faire le meilleur usage possible de l'espace que nous créerions. C'est un autre thème central de notre travail : le gabarit, ces lignes autour d'un objet existant, ces limites jusqu'où le bâtiment peut exister sur un site donné. Ce sont les frontières invisibles de l'enveloppe, et c'est ce qui nous intéresse dans notre travail. Cette idée est un fil conducteur qui parcourt nombre de nos projets. Les négatifs, ou parties évidées, du Cube orange, sont en quelque sorte extrudés du gabarit – le cube lui-même est l'enveloppe régulatrice rendue visible. Nous avons d'abord travaillé sur le projet et le site, puis avons changé notre approche conceptuelle en travaillant sur les limites plutôt qu'en essayant simplement de créer des espaces. L'idée est de pousser le design au bout de ses limites.

Quand un solide euclidien rencontre une forme libre

Bien que le gabarit soit naturellement une contrainte à laquelle tout architecte est tenu de se plier, Dominique Jakob et Brendan MacFarlane l'utilisent comme un élément actif de leurs créations. Le travail du duo est souvent un exercice de confrontation de forces apparemment contraires, voire opposées. Ainsi, pour le Cube orange de Lyon, ils ont conservé les limites extérieures cubiques du site qu'ils ont cherché à creuser, en utilisant non pas une géométrie rectilinéaire mais des formes plus libres, comme un cône tronqué ou retourné. Ici, au-delà du désir de créer des formes surprenantes, il y a un calcul minutieux des flux d'air, des vues et de l'emprise disponible. La liberté formelle prend en compte l'enveloppe cubique, mais aussi les contraintes liées à la création d'un bâtiment pratique, objectivement agréable à vivre, qui réponde aux exigences des occupants dans un cadre budgétaire.

B.M. Plus important que le volume constructible réel, nous avions à trouver les limites, à nous en servir et à rendre visible l'invisible. La matérialisation de ces limites nous intéresse, au même titre que l'utilisation de l'espace créé. Plutôt que de travailler vers l'intérieur en partant de l'enveloppe et de ses contraintes, nous avons cherché à étendre la construction jusqu'à cette barrière anciennement invisible et à lui donner une « épaisseur », une lisibilité physique. On pourrait presque voir le bâtiment comme un vide placé à l'intérieur d'un objet, ce qui est la matérialisation des limites.

B.M. Paris building regulations only allowed us to partially raise the roof level of the Docks. There, our challenge was to make the best use of the available extra space. This is another vital theme in our work—what we call the *gabarit* in French: the template around an existing thing, the limits to which a building can extend on a given site. These are the invisible limits of the envelope, and that is what interests us in our work. This idea is something that runs through many of our projects. The negative or removed parts of the Orange Cube are in a sense carved out of the *gabarit*; the cube itself is the regulatory envelope made visible. We worked first with only the program and the site and then conceptually changed our approach by working with the limits rather than trying to simply create spaces. The point is to push the design to the limit.

A Euclidean Solid Meets a Free Form

Although the buildable envelope of any given site is, of course, ultimately a matter that any architect must contend with, Jakob + MacFarlane take what they call the *gabarit* as a significant active element in their designs. The work of the pair is often an exercise in confronting apparently conflicting or opposed forces. Thus, for the Orange Cube in Lyon, they retained the outer three-dimensional limits of the site, in the form of a cube, and then sought to hollow it out, using not rectilinear geometry but instead freer forms such as a truncated or rotated cone. Here, beyond any desire to create odd forms, there was a careful calculation of air flows, views, and available floor space. Freedom of form is confronted with the cubic outer envelope and also with the realities of making a building that is livable, even clearly enjoyable to occupy, and that meets fundamental requirements of usable space and cost.

B.M. More important than the actual buildable volume, our thinking has to do with finding the limits, working with those limits, and making the invisible visible. We are definitely interested in materializing those limits and making use of that space. Rather than working in from the regulatory envelope, we sought to build out to that formerly invisible barrier, and to render it "thick" or physically legible. One thinks of the building almost as a void within an object, which is the materialization of the limits.

P.J. In the Orange Cube, rather than creating a free-form building, you have started with the cube, which

P.J. Dans le Cube orange, plutôt que de créer un édifice de forme libre, vous avez commencé avec le cube, qui est un solide euclidien, et vous l'avez creusé. Pourquoi ne pas avoir opté pour encore plus de radicalité en abandonnant le cube ?
B.M. C'est une bonne question. Pour moi, ce qui est radical, c'est d'interroger en profondeur les conditions existantes. Dans le cas du Cube orange, nous avons imaginé une opposition entre un immeuble de bureaux « normal », avec un atrium, et une autre solution qui apporte de la lumière et des vues dans les profondeurs mêmes du bâtiment. Cette opposition a produit des effets inédits.
D.J. Dans le restaurant Georges, nous avons créé des objets en formes libres, en contraste avec la rigidité du mobilier. Il aurait pu s'avérer plus simple de ne créer que des formes libres, mais nous voulions un contraste qui tiendrait en tension les volumes de façon inattendue.

P.J. Pour le Cube orange, pourquoi avez-vous choisi ces évidements en formes libres, et non un grand atrium au centre du bâtiment ?
D.J. Le projet prévoyait un immeuble de bureaux avec un atrium central. Nous en avons immédiatement rejeté l'idée, parce que nous voulions qu'un maximum d'utilisateurs des bureaux puissent bénéficier de la vue magnifique sur le fleuve et les collines. Nous avons cherché à créer un paysage, ou peut-être plus précisément à transporter le paysage à l'intérieur du bâtiment, ce qu'un atrium classique ne pouvait pas permettre. Cette articulation lie la structure à son environnement.
B.M. Nous savions que nous voulions que le projet soit tourné vers le fleuve et nous voulions également faire entrer la lumière jusqu'au centre du bâtiment. Et qu'il soit écologiquement responsable. Les formes nous permettent de créer un effet cheminée, d'attirer l'air depuis le fleuve jusqu'à l'intérieur du bâtiment. Le site se trouve sur un coude du fleuve. L'évidement conique a donc été déformé pour qu'il puisse se découper sur deux façades du bâtiment au lieu d'une seule, pour rendre ce méandre visible depuis l'intérieur. C'est une manière de connecter l'architecture à un lieu unique de la ville. C'est l'une des multiples raisons qui expliquent la création de cette forme. Nous aimons remettre en question une situation existante pour créer de nouvelles conditions. De la structure orthogonale d'origine, nous apportons, de l'intérieur, une perturbation par soustraction.

is a Euclidean solid, and then you have carved into it. Why not be more radical and abandon the cube?
B.M. That is a good question. I believe that what is radical is to fundamentally interrogate existing conditions. In the case of the Orange Cube, we imagined an opposition between a "normal" office building with an atrium and another solution that brought light and views deep into the building. This opposition was a moment of unexpected realization for us.
D.J. In the Georges Restaurant, we created free-form objects, but opposed that to the rigidity of the furniture. Creating only free forms might have been easier, but we wanted a contrast that would hold the volumes in place in an unexpected way.

P.J. For the Orange Cube, why not create a vast atrium in the center of the cubic building as opposed to your free-form cut-outs?
D.J. The program called for an office building with an atrium, but we rejected the idea of a central atrium immediately because we wanted the maximum number of people using the office to benefit from the captivating view of the river and the landscape. We sought to create a landscape, or, perhaps more accurately, to bring the existing landscape into the building, something an atrium could not do. This gesture links the building to its context.
B.M. We knew that we wanted to look out to the river, but we also wanted to get light to the center of the building. We also knew that we wanted the building to be environmentally responsible. The forms allow us to create a chimney effect, bringing air up from the river and into the building.... The site is at a bend in the river. The cone-shaped void is torqued a certain number of degrees so that it cuts into two faces of the building and not just one, which makes the bend in the river visible from within. It is a way of connecting the design to a unique moment within the city. There are multiple reasons for the creation of this form. We like questioning an existing situation in order to create new conditions. There is an orthogonal matrix condition that exists already and within there is a perturbation by subtraction.

Couleurs vives et contexte

La couleur du Cube orange à Lyon et le bâtiment vert vif des Docks à Paris ont suscité maints commentaires. Ces choix n'ont pas été faits au hasard : ils sont en lien avec le souci constant des architectes de s'inscrire dans un contexte.

P.J. À Lyon et ailleurs, vous avez choisi une couleur très vive – un orange dont vous dites qu'il vous a été inspiré par le vocabulaire graphique industriel –, mais comment l'expliquer à cette échelle ?
DJ. Le passé de docks industriels de cette partie de la presqu'île de la Confluence à Lyon nous a donné un cadre dans lequel travailler. Il nous a aussi poussés à proposer, dans une zone en train de se reconstruire, des bâtiments qui puissent faire référence à cette histoire fluviale. La couleur orange minium a fait partie de cette histoire. Elle a été pour nous l'occasion d'injecter une présence vivante et animée dans un quartier désaffecté, presque triste, dont nous savions qu'il avait besoin d'une nouvelle vitalité ; il lui fallait une présence architecturale.

P.J. Vous évoquez beaucoup l'idée d'intégration dans un environnement donné, mais quand vous choisissez des couleurs aussi vives, est-ce vraiment possible ?
B.M. Tout le monde se souvient de la vidéo d'une vieille dame interrogée devant le nouveau Centre Pompidou, affirmant que c'était la chose la plus affreuse sur Terre et qu'il fallait la raser immédiatement. Piano & Rogers ont créé une architecture nouvelle dans un environnement ancien, qui est parvenue à s'adapter à son contexte tout en étant très radicale. Les couleurs ont choqué, mais là n'est pas le plus important. Ce qui importe, c'est le futur usage du bâtiment. Pour les Docks, nous avons réfléchi à la manière d'amener les gens à marcher le long du fleuve et à contempler la Seine sous un nouvel angle. On laisse aussi le regard aller jusqu'en profondeur dans la construction, alors que souvent les bâtiments ne se livrent que très peu : de l'extérieur, on ne voit habituellement pas ce qui se passe à l'intérieur. Le Cube, à Lyon, a également choqué certains au début, tout comme le Centre Pompidou à son époque, mais les gens lui réservent à présent un accueil très favorable. Pour nous, la couleur orange rend hommage à une partie de l'héritage industriel de la ville, tout en étant une version plus affirmée des couleurs chaudes du Sud et une référence aux influences italiennes qui ont marqué l'histoire de la ville. Nous avons ainsi montré qu'une œuvre contemporaine pouvait être résolument moderne tout en restant fidèle à l'esprit de la cité.

D.J. Tout est dans notre perception du contexte. Pour nous, ce site de Lyon avait besoin de cette couleur. À l'inverse, la Maison connectée, à Boulogne-Billancourt,

Brightly Colored Context

The Orange Cube in Lyon and the bright green Docks building in Paris have been the object of extensive commentary because of their color. There are reasons for these choices, which are close to the architects' preoccupation with context.

P.J. In Lyon, and on other occasions, you chose a very bright color—an orange that you say is inspired by an industrial vocabulary, but perhaps not on such a scale?
D.J. The context of the industrial docks of this part of Lyon gave us a memory and atmosphere to work with. It also gave us reasons to change the future built environment with stronger buildings that could refer to this working past. Orange was one of these and we saw it as an opportunity to inject a lively and animated presence into a disaffected, almost sad location that we knew needed a new lease of life and which was calling out for some kind of architectural presence.

P.J. You speak a lot about becoming part of the context, but when you select such bright colors can you really fit in?
B.M. We all remember the footage of an old lady standing in front of the new Centre Pompidou, saying that it was the ugliest thing on earth and should be bulldozed immediately. Piano & Rogers created a new thing placed in an ancient context and it has this ability to be quite good in its surroundings and also quite radical. Its colors were shocking but that is not the most important factor. Who gets to use the building? Our thought for the Docks was how to get people to walk along the river, or to look down and see the Seine from a new angle. You can look into something, whereas buildings often don't give up much—from the outside, you usually cannot see in. The building in Lyon also shocked many people at first but, like the Centre Pompidou long ago, it has now been received very favorably in the city. We always saw the color as belonging to the city's industrial past as well as being an exaggerated version of the warmer colors of the south and the historical Italian influences on the city. We saw that we were able to create a jump into modernity with a contemporary piece, and still be viewed as part of the spirit of the city.

D.J. It is about our own perception of the context. We felt that Lyon needed this color. Conversely, the house in Boulogne is white because of the modernist context, while the Hérold housing project is about the brick color of the HBM [Habitations Bon Marché, affordable social housing] across the road. The Georges Restaurant is in aluminum in order to be less prominent than the Piano & Rogers colors. I could go on citing other projects—the context

est blanche en raison du patrimoine moderniste de la ville, tandis que le projet Hérold décline la couleur brique des habitations bon marché (HBM) de l'entre-deux-guerres qui le jouxtent. Le restaurant Georges est en aluminium afin de ne pas interférer avec les couleurs choisies par Piano & Rogers. Je pourrais continuer à citer d'autres projets, mais ce qui importe, c'est le contexte global, pas uniquement la couleur.
B.M. Pour moi, les Docks ne paraissent pas véritablement verts, mais plutôt translucides ou aquatiques. La couleur n'est là que pour aider à comprendre que ce bâtiment est inspiré par le fleuve devant lui, et qu'il lui est lié – cela aide le passant à associer la couleur avec le flux et le paysage. Le fleuve décline toute une palette de verts plus ternes. Nous savions que nous voulions rehausser la couleur et la charger de jaune pour montrer qu'il s'agissait d'un objet synthétique lié à son environnement.

of the project is predominant and not just the choice of color in itself.
B.M. I think the Docks are perceived as being not so much green as translucid, or liquid-like. I believe that the color is only there to help understand that it is informed by and relates to the river in front of it—this helps people associate the color with fluidity and landscape. The river is green, but a variety of duller greens. We knew that we wanted to augment the color and charge it with yellow in order to state that this is a synthetic object which is related to its environment.

La fluidité du mouvement

La fluidité est une autre idée récurrente du travail de Dominique Jakob et Brendan MacFarlane. Nettement visible dans certaines de leurs créations, elle l'est moins dans d'autres. Selon eux, la fluidité n'est pas purement formelle ; elle renvoie également à la fonction et à l'usage d'un bâtiment par le public.

P. J. Vous faites souvent référence à la fluidité de vos bâtiments. Ce concept est-il réellement compatible avec l'architecture qui, la plupart du temps, est du ressort du statique ?
D.J. La fluidité est le mouvement des personnes dans l'espace urbain et architectural. Nous réfléchissons à la manière dont les gens s'approprient l'espace. Plus qu'une fluidité des formes, il s'agit d'une fluidité de l'espace autour des utilisateurs et des visiteurs. Si l'on regarde les plans du projet résidentiel Hérold à Paris, on voit que les espaces de circulation, la cuisine et la salle de bains donnent sur la rue. C'est à rebours de la plupart des habitations, mais ce choix s'explique par la présence d'un jardin côté cour et donc de davantage de lumière naturelle. Ce n'est pas l'image du bâtiment qui nous préoccupe ici, mais la manière dont ses occupants vivront à l'intérieur.
B.M. La géométrie est fluide, mais elle est dictée par une multitude de facteurs différents. Nous avons remporté le concours Hérold car nous avons pu proposer un grand nombre d'appartements grâce à la fluidité de la conception et avons exploité de façon optimale la luminosité.
D.J. Le plan d'urbanisme exigeait des bâtiments carrés ou rectangulaires sur un site irrégulier.

Fluidity of Movement

Another of the recurring ideas in the architecture of Jakob + MacFarlane is that of fluidity. This concept may be clearly visible in some of their forms, but is less so in others. Their idea of fluidity is not purely formal—it is also a word that they apply to the function and public use of a building.

P.J. You refer frequently to the fluidity in your buildings. Does fluidity really go well with architecture, which tends to stay put most of the time?
D.J. For us, fluidity is the movement of people through the architecture. We think of how people will feel in the space. More than any fluidity of form, it is about the fluidity of the space around the users and visitors. In the case of the Hérold housing project in Paris, if you look at the plans, the circulation, kitchen, and bathroom areas face the main street. This is the reverse of most housing, but we preferred to do it this way because there is a garden on the other side and more natural light. We are not dealing with the image of the building but with how people will live in it.
B.M. The geometry is fluid, but it is dictated by many different things. We won the Hérold competition because we were able to provide the maximum number of apartments due to the fluidity of the design. We also won because it had maximum orientation toward the light.
D.J. The urban plan asked for square or rectangular buildings in an irregular site. We sought to preserve existing trees and to fit into the site.
B.M. The forms are not necessarily willful. The arguments that we are trying to pinpoint are fundamental ones

Nous avons au contraire cherché à préserver les arbres et à adapter notre projet au site.
B.M. Les formes ne sont pas nécessairement délibérées. Les arguments que nous essayons de souligner sont fondamentaux dans le développement du langage architectural. Nos premières approches du projet Hérold le montrent d'abord sous la forme d'une structure originale, que nous avons progressivement dépouillée, fragment par fragment, élément par élément. Nous nous étions fixé plusieurs règles, notamment conserver les arbres centenaires et respecter le contexte haussmannien.

relating to how the architectural language develops. In footage of the Hérold housing project, we first show it as the original matrix, and then we slowly peel away fragments and pieces. We had several rules, for example keeping hundred-year-old trees, and the complex Haussmann-era set-back rules.

L'esprit du lieu

Ce que les architectes évoquent sous le terme de « règles » est une autre expression de l'exploration des limites d'un site. C'est une autre façon de parler du *genius loci,* de l'« esprit du lieu », un thème récurrent dans l'histoire de l'architecture, mais qui a peut-être été trop souvent ignoré dans la frénésie de construire toujours plus, plus vite et pour moins cher. Dominique Jakob et Brendan MacFarlane pratiquent une architecture sérieuse, ce qui les ramène presque inévitablement aux fondamentaux. Capturer l'esprit du lieu signifie également respecter la taille, la forme, et, au sens le plus large, l'échelle du site.

B.M. Nous passons beaucoup de temps à essayer de capturer l'esprit d'un lieu. Chaque site a le sien. Pour certains, cet esprit est très diffus ; pour d'autres il est très fort. Et si, en tant qu'architecte, vous avez suffisamment de sensibilité, vous devez être capable de le repérer. Si vous parvenez à ne pas vous en éloigner pendant la conception et la construction, alors les gens le verront. C'est de l'ordre du non-verbal. En outre, chaque site a une échelle implicite. En tant qu'architecte, vous passez beaucoup de temps à essayer de trouver une échelle qui ait du sens. Elle est certes fixée dans une certaine mesure par les réglementations locales et la forme du site, mais également par l'environnement du site. Trouver la bonne échelle est complexe, mais quand on y parvient, cela se ressent.

P.J. Souvent les architectes évoquent leur désir de respecter le contexte et de s'intégrer au lieu. Mais il arrive que le programme et les demandes du client les poussent à supprimer ce qui existait au préalable, afin de créer quelque chose de nouveau et, finalement, donner à leur création une fonction tout à fait inédite.
B.M. Le projet Turbulences voisine avec des bâtiments des XVIIIe et XIXe siècles. C'est d'ailleurs cette proximité qui a inspiré le nom du programme.

Spirit of Place

What the architects refer to as rules is a further expression of the idea of seeking to explore the limits of a site, in several different respects. In other words, ultimately this has to do with what can be called the *genius loci*, the spirit of a place. This is, of course, a recurring theme in the history of architecture, but perhaps one that has been glossed over too often in the quest to build more, cheaper, and faster. Jakob + MacFarlane are practicing serious architecture, which almost inevitably brings them back to fundamentals. Capturing the spirit of the place also means building within it, in keeping with that spirit, in terms of size, form, and, in a broader sense, scale.

B.M. We spend a huge amount of time trying to capture the spirit of a site. All sites have spirits: some are faint, and others are very powerful, and if you are sensitive enough as an architect, you can pick up that spirit. If you can hold onto that spirit as you design and build, other people can see it. It is a non-verbal thing. Every site also has an implied scale, and as an architect, you spend a lot of time trying to find the scale that works. The scale is to some extent set by zoning regulations or the form of the site, but also by the neighborhood. Getting scale right is very complex, but when it is right, people can feel it.

P.J. Although architects make frequent comments about their desire to respect context and to become part of a place, on occasion the project program and the requirements of the client have led them to cast aside some of what previously existed on the site in order to create something new and also, ultimately, to make an entire project function in a new way.
B.M. For the Turbulences project there are eighteenth- and nineteenth-century buildings nearby and their confrontation is what inspired the name. We knew we wanted to bring about something that had to do with

Nous voulions travailler le rapport entre création et process. Le cœur des collections consacrées à l'architecture abritées dans ce bâtiment regroupe des propositions expérimentales, datant des années 1950 à aujourd'hui, de bâtiments qui n'ont pas vu le jour. Nous souhaitions créer l'image d'un édifice qui jaillirait du site, comme un signal fort envoyé aux architectes. C'était l'ambition du Frac Centre-Val de Loire dont le fonds promeut l'émergence de formes architecturales et leur communication au grand public. La proposition détonnait clairement. Il s'agissait de mettre en scène quelque chose qui n'était pas immédiatement visible : les collections de l'institution, d'une qualité remarquable, mais trop peu connues de la population locale.
D.J. Il était nécessaire de faire comprendre que le bâtiment était ouvert au public – c'était là l'un des principaux objectifs. Le Frac Centre-Val de Loire voulait donner un signal d'ouverture. Cela nécessitait de démolir la construction existante pour créer un vide, une entrée tournée vers la ville.

P.J. Dans ce projet, comme dans d'autres, vous vous êtes associés à des artistes.
B.M. Nous aimons travailler avec des artistes et évoquer avec eux leur approche conceptuelle. Le monde de l'architecture est un univers complexe. Pouvoir avancer avec un apport créatif extérieur est une chance que nous apprécions. Les artistes jouissent d'une forme de liberté dont la plupart des architectes ne peuvent que rêver. Mais nous savons aussi que nombre d'artistes sont fascinés par la faculté des architectes de travailler à grande échelle, de créer des projets qui s'inscrivent dans la durée. Nous aimons lier art et architecture.
D.J. Une de nos expériences les plus mémorables en termes d'union de l'art et de l'architecture a été la conception d'un appartement pour le collectionneur Daniel Bosser. L'idée était de créer un environnement dans lequel les œuvres d'art s'intégreraient à l'espace privé, une galerie personnelle en quelque sorte. En plus de la conception de l'espace en lui-même, nous avons été invités à choisir certaines pièces, notamment une installation lumineuse de Michel Verjux, *Poursuite en angle mi-rasante mi-front*, qui entrait en dialogue avec la géométrie particulière de l'espace, et d'imaginer une installation pour une œuvre de Claude Rutault, composée de plusieurs dizaines de toiles, intitulée *Maxima 1. Option pile* (1979). Nous accordons une grande importance à nos collaborations les artistes, par exemple Philippe Cazal pour le Cube orange, Vincent Lamouroux et Kees Visser... Aux Docks, à Paris, Yann Kersalé a utilisé l'éclairage standard du bâtiment pour créer une installation extraordinaire sur la Seine. Electronic Shadow est intervenu au Frac Centre-Val-de-Loire et Fabrice Hyber pour la façade d'Euronews. Nous avons été heureux de pouvoir faire entrer des artistes dans l'univers de l'architecture, de permettre à leur art

process, with making things. The core part of their architecture collection has to do with proposals that were not built. If we could create an image of a building emerging from the site, it would be a signal to architects, which is what the FRAC [Fonds Régional d'Art Contemporain] wanted. The collection is about the emergence of architectural forms, and in this instance about opening to the public. This is clearly a different kind of context than the neighborhood; it is about something that is not immediately visible—the collections of the institution, which are extraordinary but were too little known to local populations.
D.J. It was necessary to make the building appear to be open to the public, that was the main goal. The client wanted a signal of openness. That required demolishing an existing building to create an entrance void that addresses the city.

P.J. In this project, as in others, you worked with a number of artists.
B.M. We enjoy working with artists and talking to them about their conceptual approach. The world of architecture comes with a certain amount of complexities, so engaging with an outside creative force is a path that we appreciate. Artists seem to have a kind of freedom that most architects can only dream of, but at the same time we know that most artists are fascinated by what they see as the possibilities of architects to work at a large scale and to create more permanent projects. We like bringing together the worlds of art and architecture.
D.J. One of our most memorable experiences combining art and architecture was designing an apartment for the art collector Daniel Bosser. The idea was to create an environment in which artworks could be integrated into a private space—a domestic gallery. As well as designing the space itself, we were also invited to curate certain works of art. One of those was a light installation by Michel Verjux, *Poursuite en angle mi-rasante mi-front*, that entered into a dialogue with the unique geometry of the space; another was a multi-canvas work by Claude Rutault entitled *Maxima 1. Option pile* (1979). We value our collaboration with other artists, including Philippe Cazal in the Orange Cube, Vincent Lamouroux, and Kees Visser. In the case of the Docks in Paris, the lighting artist Yann Kersalé used the lines of the building's normal lighting to create an extraordinary intervention on the Seine. We can also cite Electronic Shadow at the FRAC Centre-Val de Loire, and Fabrice Hyber's collaboration on the façade of Euronews. We were happy to bring artists into architecture, allowing their art to emerge in the wider urban space. We are continuing to work in this vein, as is the case for the current project in Limoges, where we are installing an exterior framework that artists can use with different media, including digital formats.

de fusionner dans un espace urbain, à grande échelle. Nous poursuivons dans cette veine, par exemple à Limoges où nous sommes en train d'installer une structure extérieure que les artistes pourront utiliser avec différents médias, y compris numériques.

B.M. Cette complémentarité dans le travail avec les artistes se retrouve dans le design. Dès nos premiers projets, le design a été pour nous comme l'extension essentielle du projet architectural. Le restaurant Georges a été l'un des premiers projets dans lesquels on nous a demandé de concevoir la plupart des meubles ainsi que l'éclairage. Ce fut une belle expérience partagée avec Cappellini et iGuzzini, les fabricants du mobilier et des luminaires. Avec Quinze & Milan, nous avons créé les sièges des principaux espaces d'exposition du Centre Georges-Pompidou. Sawaya & Moroni, autre entreprise italienne, nous a permis de montrer notre propre travail de design, qui a donné naissance à des pièces comme les étagères T(h)ree, mais aussi à des chaises, des bancs et d'autres objets.

D.J. Pour certains de nos projets récents — notamment à Mons, Avignon et Limoges —, nous concevons et de fabriquons également des meubles. Parmi les objets que nous avons créés, on peut citer le coffret Duo imaginé pour Ricard. Autre activité importante, la scénographie, qui nous a permis de confronter l'architecture à un nouveau cadre. Et puis, nous dessinons aussi des éléments intégrés à l'architecture, comme l'escalier-bibliothèque de la Maison Connectée. Moitié architecture, moitié design, ces œuvres sont un autre élément récurrent de notre travail.

B.M. We approach the complementarity of working with an artist much as we do with design. From the outset, design felt like a vital extension of our architectural projects. The Georges Restaurant was one of the first projects in which we were asked to design most of the furniture and lighting, a journey of discovery that we shared with the manufacturers, Cappellini and iGuzzini, to produce furniture and light fixtures. Another project was producing the seating for the major gallery spaces at Centre Pompidou, produced with the manufacturers Quinze & Milan. Sawaya & Moroni was another Italian firm that became an forum for our design work, leading to such products as the shelving unit T(h)ree, as well as chairs, benches, and other pieces.

D.J. Some of our recent projects—notably those for Mons, Avignon, and Limoges—also involve designing and making furniture. Other examples of object design include the Duo bottle and packaging we created for Ricard. Exhibition designs have also played an important role, allowing us to explore architecture in a new medium. And finally, there are built-in features, such as a staircase combined with bookshelves in the Connected House. Part architecture, part design, they form another recurrent element of our work.

Confrontation et résolution

Ce qui distingue Jakob + MacFarlane des autres architectes de leur génération, c'est d'abord leurs origines respectives – néo-zélandaise et franco-suisse –, deux mentalités différentes qui ont dû s'adapter sans cesse l'une à l'autre afin que chacun apporte le meilleur de lui-même. Un premier élément significatif de leurs réalisations est la volonté de s'intégrer à un environnement préexistant, comme dans le cas du restaurant Georges au Centre Pompidou. Il n'est jamais question d'imiter ce qui existe déjà, ni même de s'y opposer radicalement. En tant qu'architectes, ils cherchent – et trouvent – un moyen organique de s'intégrer à la structure originelle dans une sorte de relation symbiotique qui donne une légitimité à leur travail et que ressentent même ceux qui ne sont pas sensibles à l'architecture contemporaine. Au Centre Pompidou comme aux Docks à Paris, les deux architectes se sont attachés à regarder au-delà des limites de leurs bâtiments pour s'inscrire dans une vue d'ensemble, pour s'inspirer d'une présence, comme celle de la Seine devant les Docks ou des arbres le long du fleuve. Du vert, mais un vert vif, pas le vert terne de la Seine, offrant ainsi, malgré tout, un contraste.

Vert, aussi, comme un paysage. Le restaurant Georges, les Docks avec leur toit vert iconoclaste, ainsi que d'autres édifices de leur création s'inspirent incontestablement de leur intérêt pour la nature. Ils ne cherchent pas à l'imiter – ils acceptent pleinement le caractère « artificiel » de l'architecture contemporaine –, mais ils tissent des liens intellectuels et même écologiques entre leurs bâtiments et la nature. En ville, leurs réalisations urbaines s'intègrent ainsi dans des environnements dotés d'éléments naturels puissants, comme la Seine à Paris ou la Saône à Lyon.

Brendan MacFarlane et Dominique Jakob évoquent également le « gabarit » – les limites extérieures physiques (et réglementaires) d'un bâtiment. En définissant le cadre existant et en essayant de créer un mouvement depuis l'intérieur vers l'extrême limite impartie, ils inversent en quelque sorte le processus de création d'une grande partie de l'architecture contemporaine, qui souvent s'adapte à un site sans en explorer le potentiel réel. La fluidité, dans l'esprit des architectes, convoque aussi bien les éléments formels que l'idée du mouvement à l'intérieur de l'architecture. Ils s'interrogent sur la manière de faciliter la fluidité de mouvement. C'est cette fluidité qui, au bout du compte, valide l'efficacité du projet, son succès ou son échec.

Là où une grande partie de l'architecture moderne s'est définie en termes d'acceptation ou de refus de ce qui existe déjà, de la *tabula rasa* au pastiche post-moderne, Dominique Jakob et Brendan MacFarlane prennent en compte, et parfois modifient, ce qu'ils ont sous les yeux pour l'adapter à leur objectif, comme

Confrontation and Resolution

What separates Jakob + MacFarlane from other architects of their generation starts with their respective origins—New Zealand and French Swiss: two different mentalities that have had to continually adapt to each other, to bring out the best qualities that each of their mindsets brings to the drawing table. A first significant element that appears frequently in their designs is the idea of becoming part of a context as was the case with the Georges at the Centre Pompidou. The point was never to imitate what existed, nor even, fundamentally, to be in contradiction. Rather, they sought and found an organic way to become part of the original structure, a kind of symbiotic relationship that gives a legitimacy to their work, felt even by those unfamiliar with contemporary architecture. Whether at the Centre Pompidou or in the Docks project in Paris, the architects also actively look beyond the limits of their buildings to fit into a view, or a presence such as that of the Seine in front of the Docks, or the trees along the riverside. Green then, but a bright green, not the dull green of the Seine, offering a contrast in spite of it all.

Green, too, like a landscape—the Georges, the Docks with their unusual green roof, and other buildings in their portfolio are indeed informed by the architects' interest in the landscape. They certainly do not seek to imitate nature—they accept the "artificial" character of contemporary architecture fully—but they do create intellectual or ecological links between their buildings and nature. The context that even their urban buildings fit into includes powerful natural elements such as the Seine in Paris or the Saône in Lyon.

They speak, too, of the *gabarit*—the outer physical (and regulatory) limits of a building. By defining this existing template and then seeking to move from within out to the limit, they to some extent reverse the process of much contemporary architecture, which often fits into a site without exploring its real potential. Fluidity in the mind of the architects includes formal elements, but also the idea of the movement of people within the architecture. They ask what the design can do to encourage fluidity of movement, which ultimately defines the effectiveness of the design, its success or failure.

Where much modern architecture has defined itself in terms of the acceptance or the rejection of what already exists, ranging from the *tabula rasa* to the postmodern pastiche, Jakob + MacFarlane assuredly take into account what exists, sometimes modifying it to suit their own purposes, as they did with the FRAC Turbulences project. They also take the liberty of defining context in their own way. For the FRAC, this includes the idea of architectural emergence, which is not contextual in terms of neighboring buildings, but rather beacause of the architectural collections of the FRAC Centre itself. Their Connected House near

ils l'ont fait pour le projet Turbulences / Frac Centre. Ils prennent également la liberté de définir le contexte à leur manière. Ainsi, pour Turbulences / Frac Centre, est venue l'idée d'une émergence architecturale – en lien non pas avec les bâtiments voisins mais avec les collections du Frac lui-même. Leur Maison connectée près de Paris émerge de la pelouse tel un arbre artificiel jailli de la terre et de l'histoire moderne du quartier, blanche comme un édifice de Mallet-Stevens ou du Corbusier, verte comme les systèmes écologiques utilisés pour que la maison consomme le moins d'énergie possible. Dans ces exemples, le contexte s'étend au-delà de ce qui est immédiatement visible pour s'inscrire dans l'ordre des idées et forme un environnement intellectuel auquel l'architecture est tenue de s'adapter.

Les architectes contemporains peuvent se sentir obligés de choisir entre une modernité radicale et un effort d'intégration qui risque de les pousser à effacer un peu trop leurs constructions dans le décor. Trouver un juste milieu entre le passé, le présent et l'avenir est un défi extrêmement difficile posé à l'architecture aujourd'hui. C'est pourtant exactement ce à quoi parviennent très souvent Dominique Jakob et Brendan MacFarlane. Leur contemporanéité est évidente, qui produit parfois des formes inattendues mais jamais gratuites, toujours connectées au projet et au site – un esprit du lieu qui dépasse les exigences actuelles pour prendre en compte celles de l'endroit où se situe l'œuvre, ce qui, en France, signifie souvent un ancrage dans l'histoire. Ils réussissent à respecter le passé, même le passé récent d'un bâtiment tel que le Centre Pompidou (1977), tout en y ajoutant un élément contemporain qui n'entre pas en contradiction avec ce qui existe déjà. Leur approche symbiotique produit des résultats empreints de justesse, que même les moins initiés d'entre nous peuvent ressentir. Une méthode indubitablement raisonnable, qui ne les empêche en rien de donner vie à des œuvres résolument contemporaines.

Paris rises up from a lawn like a kind of artificial tree, growing from the earth and the modern history of the neighborhood, white like a Mallet-Stevens or Le Corbusier building, green like the ecological systems employed to make the house consume as little energy as possible. In these instances, the context extends beyond what is immediately visible to that of ideas, an intellectual environment into which architecture must fit as well.

Contemporary architects may seem obligated to pick a side between aggressive modernity and fitting in just a little too much, running the risk of fading into the background as soon as they build. Finding a happy medium between past, present, and future is an extremely delicate balancing act in today's architecture, and this is exactly what Jakob + MacFarlane have often achieved. They are visibly contemporary, sometimes producing quite unexpected forms, but always with a reason and a deep connection to the project and to the site—a spirit of the site which goes beyond today's requirements to take into account those of the place, which in France, of course, is often steeped in history. They manage to respect the past, even the recent past of a building like the 1977 Centre Pompidou, while adding a contemporary element that is not in contradiction with what already exists. Theirs is a symbiotic approach, which generates results that have a kind of "rightness" about them that can be felt even by those who are relatively unfamiliar with architecture. Although an undoubtedly reasonable methodology, it does not prevent them from creating resolutely contemporary works.

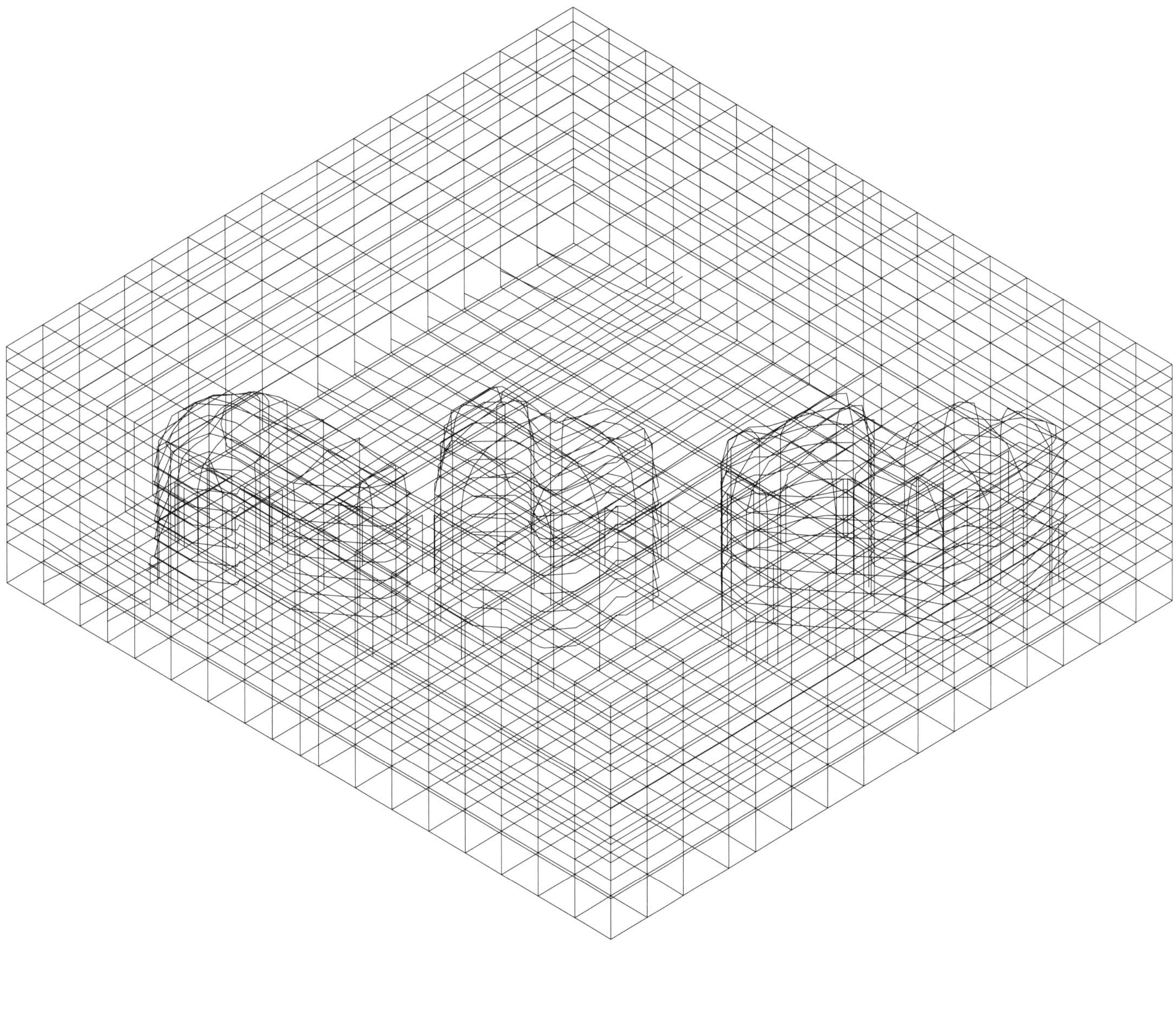

Architecture

Cube orange, Lyon

Depuis les années 1990, la ville de Lyon a engagé un ambitieux programme de reconquête urbaine d'une zone de 150 hectares, située à la confluence de la Saône et du Rhône. Sous l'égide des Voies navigables de France, en partenariat avec la Caisse des dépôts et l'aménageur SEM Lyon Confluence, de nombreux projets ont vu le jour – notamment le musée des Confluences (CoopHimmelb(l)au, 2014) –, avec pour objectif de marier architecture contemporaine, culture et commerces.

Parmi eux, le Cube orange, un bâtiment de 6 300 mètres carrés sur une emprise au sol de 29 × 33 mètres, constitué de cinq niveaux en structure béton. Cette forme cubique se distingue par un éclatant revêtement orange minium pixélisé – l'une des couleurs dominantes dans les zones portuaires –, mais aussi par un grand vide qui perce la façade donnant sur le fleuve et qui s'élève jusqu'à la terrasse du toit.

Le Cube, solide euclidien, est ainsi percé de trois volumes coniques à différents niveaux – à l'entrée, à travers la façade et sur le toit.

Autre signe distinctif, son immense atrium, qui laisse entrer l'air et la lumière dans le bâtiment et permet à tous les occupants de bénéficier d'une vue vers l'extérieur. Des balcons intérieurs relient les espaces de bureaux pour plus de convivialité. Par sa conception, la façade extérieure du bâtiment semble ainsi se prolonger vers l'intérieur, qu'elle contribue à éclairer. La forme arrondie de l'entrée du Cube fait pour sa part écho aux arches des entrepôts des Salins voisins. Sur le toit, une terrasse offre une vue panoramique de la ville et de ses alentours.

En accord avec la stratégie d'aménagement du quartier Lyon Confluence, l'efficacité énergétique a été placée au cœur du projet. Par l'installation de pompes à chaleur et de panneaux photovoltaïques, qui couvrent une partie de la consommation énergétique du bâtiment, mais aussi grâce à la conception même de l'édifice. Ainsi, la forme singulière du Cube et l'optimisation des perforations de sa façade permettent de faire largement entrer la lumière naturelle, réduisant d'autant les besoins en éclairage artificiel.

Orange Cube, Lyon

The 370-acre (150-ha) area located at the confluence of the Saône and Rhône rivers in Lyon has been the object of an ambitious urban redevelopment program since the 1990s. Under the authority of the VNF (Voies Naviguables de France) in partnership with Caisse des Dépôts and the local development authority Sem Lyon Confluence, the former dock and warehouse zone has seen the construction of many projects, including the Musée des Confluences (Coop Himmelb(l)au, 2014). The overall scheme involved bringing contemporary architecture, culture, and commerce together.

The 67,812-sq. ft. (6,300-m²) Orange Cube building is based on a 95 × 108-ft. (29 × 33-m) framework formed with five levels of concrete pillars. The orthogonal cube structure, which has a bright orange pixelated façade, is marked by a large void that pierces the riverside façade and rises to the roof terrace. The orange color was chosen because it is an "industrial" color often used in harbor areas.

The original Euclidean solid is in fact marked by the subtraction of three conic volumes at different levels—at the entry, through the façade, and on the roof.

The open atrium of the building serves not only to animate and differentiate the otherwise orthogonal volume, but also, of course, to bring in air and light and to allow views to the exterior from deep within the building. The main elliptical hole in the façade creates an atrium within the volume, which is surrounded by balconies that connect the office spaces and affirm a sense of shared conviviality. In some sense, this means that the external façade of the building becomes part of the interior, even as it enlivens the space within. The rounded shape of the entry opening is inspired by the arches of the neighboring Salins warehouse. A roof terrace offers panoramic views of the city and its environment.

In keeping with the strategies of the Lyon Confluence area, a considerable emphasis was placed on energy savings in the project. Façade optimization, heat pumps, and photovoltaic panels that cover part of the energy usage of the building are key elements of the strategy employed. The unusual form of the building also brings in a large amount of daylight, reducing electricity used for artificial lighting.

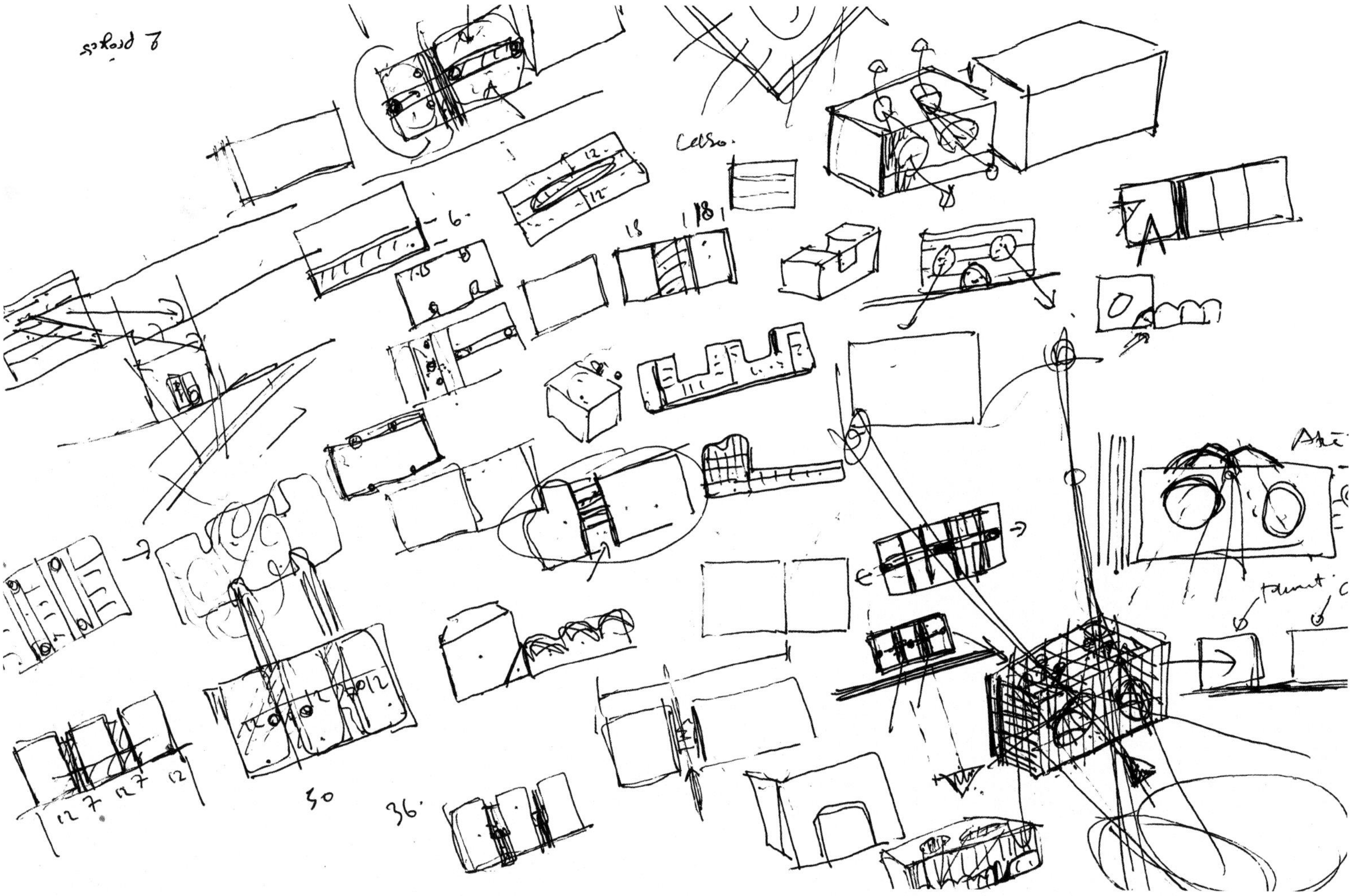
Celso.
30
36.

Ci-contre : Cette série de croquis montre la réflexion qui a guidé la conception des ouvertures du bâtiment, et des vues ou des flux d'air qu'elles rendent possibles.
Ci-dessous : Premières maquettes du bâtiment représentant le cube, matrice du projet, qui matérialise le volume constructible maximal. À partir de ce volume, les architectes ont imaginé des cônes pénétrant la structure pour permettre le passage de l'air et de la lumière, et offrir ainsi des vues de l'extérieur. Ces maquettes font aujourd'hui partie des collections permanentes du Centre national d'art et de culture Georges-Pompidou.

Facing page: A series of sketches illustrates the thinking behind the openings in the building, together with the views or flows of air that they imply.
Below: Early models of the building, with the basic cube at the origin of the design, which represents the maximum envelope on the site. From that basis, the architects imagined cones that penetrate the structure and allow light and air in, as well as permitting users to have views toward the exterior. These models are now part of the permanent collection of the Centre Pompidou.

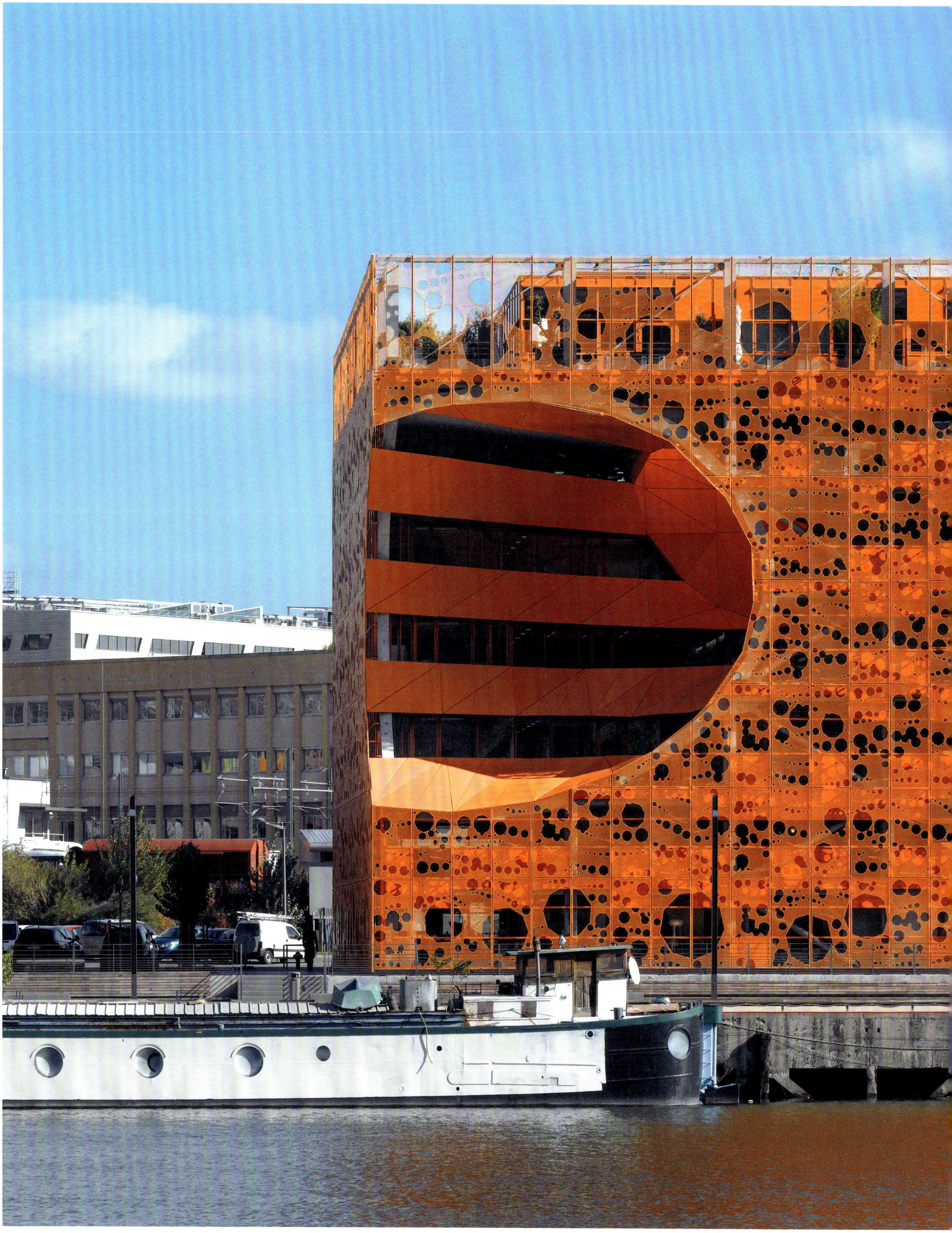

La façade principale et le parvis. La résille extérieure se hisse jusqu'à une terrasse accessible au public. Le schéma aléatoire des surfaces vitrées répond aux ouvertures pratiquées dans la résille en aluminium, dont les trois quarts de la surface sont perforés. Ainsi, chaque élément de la façade diffère des autres tout en formant un ensemble harmonieux.

The entrance façade and exterior public area. The exterior net design extends upward to create an exterior terrace that can be accessed by users. The random rhythm of glazed surfaces corresponds to the openings in the aluminum net, 75 percent of which is perforated. The result of this approach is that each part of the façade differs from the rest, while still participating in the overall surface pattern.

INDIGO

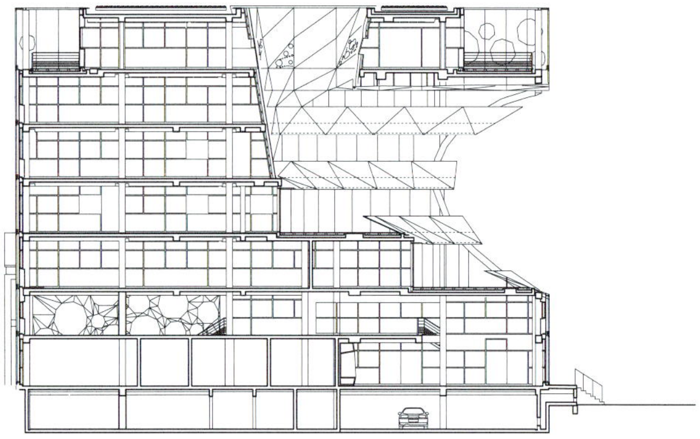

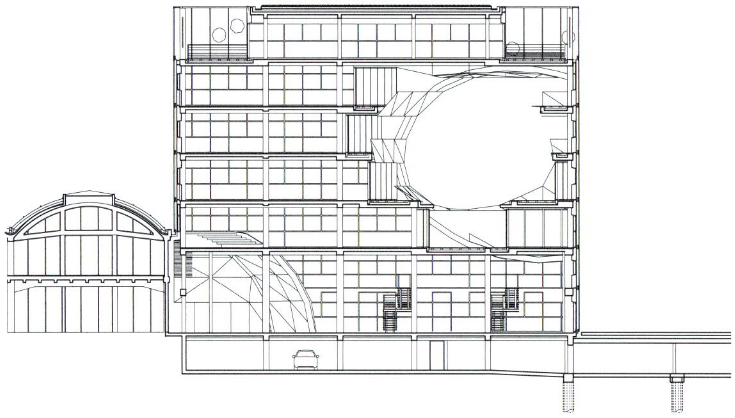

Le métal perforé de la façade donne au bâtiment son identité, tout en réduisant l'apport solaire et la réverbération. Le parement du bâtiment est légèrement plus foncé que le maillage extérieur, ce qui accentue l'impression de profondeur et crée des jeux d'ombres.

The perforated metal of the façades gives a distinct identity to the building while simultaneously serving to reduce solar gain or glare. The full skin of the building is slightly darker than the external web, which accentuates an impression of depth and creates a play of shadows.

Les trois cônes qui percent l'édifice : le premier orienté vers le ciel, le deuxième au centre de la structure, et le troisième donnant sur la rivière. Des balcons de différentes tailles et des espaces de détente sont aménagés près des salles de réunion. Ces évidements permettent à la lumière naturelle de pénétrer en profondeur et créent des vues sur la Saône en contrebas, y compris pour les espaces situés au cœur du bâtiment.

The three voids that penetrate the building: one pointing to the sky, another in the center of the building, and the third one looking out to the river. Balconies of varying sizes and break-out spaces are situated near the meeting rooms. The voids serve to bring natural overhead lighting deep into the structure, but also give views of the nearby Saône River, even to users located in the heart of the building.

Au dernier niveau, l'espace entre la double façade s'élargit pour constituer une terrasse de 5 mètres de profondeur qui fait le tour du bâtiment. La maille aluminium perforée monte jusqu'à la hauteur de l'acrotère, ce qui permet de créer un environnement intermédiaire plus intime, que les occupants peuvent s'approprier notamment pour organiser des réunions.

On the top floor, the space between the two sections of the façade is widened to make a terrace 16½ ft. (5 m) deep that wraps around the building. The perforated aluminum screen continues up to the structure's highest point, which allows for the creation of an more intimate, intermediate environment for users, where they can holding meetings, for example.

La conception des espaces intérieurs est volontairement minimaliste. Les façades sont lisibles de l'intérieur comme de l'extérieur, et affichent une surprenante transparence avec une diversité de vues selon la forme des ouvertures.

The architecture of the interior spaces is intentionally minimal. The façades are legible from the inside in much the same way as they are from the exterior, but they affirm a greater transparency than might be expected. Views are differentiated according to the openings.

Ci-dessous : Intervention artistique de Philippe Cazal à l'initiative de Georges Verney Carron dans les espaces de circulation du bâtiment autour de la question et du rôle social de l'artiste.
Page de droite : Au rez-de-chaussée, le showroom de design RBC est doté d'un mur d'exposition en plâtre blanc – dont les alvéoles renvoient au design de la façade – et d'un sol en ciment autonivelant polymérisé.

Below: At the initiative of Georges Verney Carron, Philippe Cazal created an artwork in the circulation spaces of the building about the social role of artists.
Facing page: The RBC Design Showroom on the ground floor has a white gypsum plaster exhibition wall that echoes the exterior façades of the building and a self-leveling polymer-modified concrete floor.

Euronews, Lyon

Conçu pour abriter la chaîne d'informations internationales Euronews, ce bâtiment au bord de la Saône a été programmé par les acteurs – Voies navigables de France, Caisse des dépôts et SEM Lyon Confluence – qui sont à l'origine du projet Cube orange. Situé non loin de ce dernier, il a d'ailleurs été imaginé à l'occasion du même concours.

D'un vert fluorescent, cet immeuble d'une surface de 10 200 mètres carrés est organisé sur sept niveaux conçus pour abriter des espaces multimédias, des bureaux et des studios de télévision, chaque plateau étant, comme pour le Cube orange, desservi par un balcon. Cet imposant parallélépipède, sorte de grand cube étiré, a été percé de deux larges ouvertures coniques qui laissent entrer l'air et la lumière. Ces deux yeux gigantesques observent la rivière et ses alentours, comme deux grands capteurs qui, à l'image d'Euronews, repèrent et décryptent les événements du monde contemporain. Si le volume du bâtiment s'impose comme un bloc monolithique, sa façade et ses extrusions l'enrichissent d'une matérialité colorée, poreuse, aérienne.

La façade, dessinée en collaboration avec l'artiste français Fabrice Hyber, s'inspire du motif de l'onde – celle de la rivière, mais aussi celle des transmissions télévisées. Le vert, une des couleurs préférées de l'artiste, se veut une référence à la Saône qui coule au pied de l'immeuble.

Le siège d'Euronews révèle la possibilité de transformer un ambitieux programme de construction d'immeuble de bureaux en un véritable manifeste architectural, où l'innovation formelle et le développement durable sont intimement liés.

Euronews HQ, Lyon

Built for an international European news television network, this project involved the VNF (Voies Navigables de France) and the French public financial institution Caisse des Dépôts, as well as the Sem Lyon Confluence, which also took part in the earlier Orange Cube project. In fact, the two buildings, which are located fairly close together on the banks of the Saône, were imagined at the time of the original competition for the Orange Cube.

The fluorescent green building has a floor area of 109,790 sq. ft. (10,200 m^2) on seven levels above grade, used for a multimedia area, office space, and TV studios. As is the case with the Orange Cube, each office level has access to an open-air balcony. The architects explain that the project was designed as a "huge parallelepiped," or stretched cube block pierced by two conical atrium spaces that introduce light, air, and views out to the river. The atriums are open to the environment and were imagined as two gigantic eyes observing the river and its surroundings. According to the client, these eyes can be interpreted symbolically as the eyes of Euronews, large abstract receptors "gleaning and capturing the events of our world around us." If the architectural volume is perceived as a monolithic block, the voids and façade enrich its materiality, which becomes colored, porous, and airy.

The façade design was developed in part with the French artist Fabrice Hyber. The pattern of the façade is intended to bring to mind waves—perhaps those seen in the river, but also the waves that formerly carried television transmissions. According to those involved, green—one of Fabrice Hyber's favored colors—also evokes the neighboring river.

The architecture of the Euronews headquarters shows how an ambitious office program can be transformed into an experimental form of architecture—one that seeks to reconcile formal innovation and sustainable development.

À gauche : Premières maquettes montrant des îles flottantes, extension du programme du bâtiment, placées près des évidements coniques. Ces maquettes font aujourd'hui partie des collections permanentes du Centre national d'art et de culture Georges-Pompidou.
Ci-dessous : Une vue en coupe.

Left: Early study models reveal floating islands, additional elements of the design brief, placed in relation to the conical voids. These models are now part of the permanent collection of the Centre Pompidou.
Below: A section drawing.

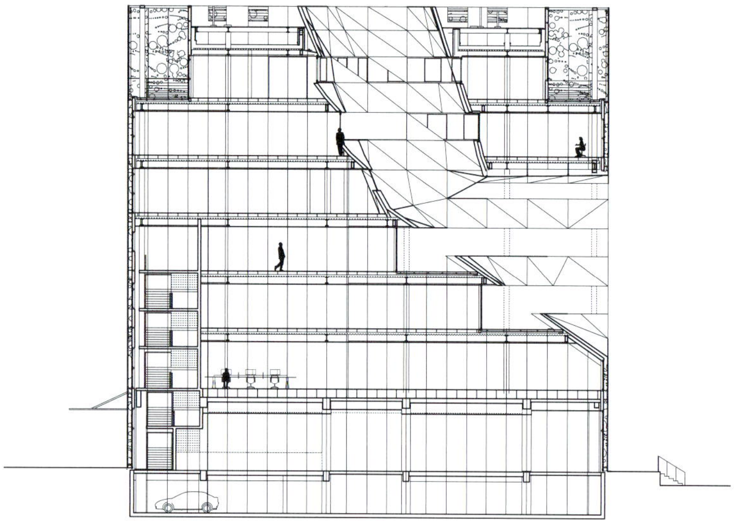

euronews

euronews

Lyon by Boat

Cette vue de l'un des évidements coniques révèle les balcons abrités qui donnent sur la Saône. La géométrie des cônes interagit avec la silhouette orthogonale du bâtiment. Des panneaux de particules de bois ont été utilisés pour le traitement acoustique des espaces intermédiaires.

A view into one of the conical voids shows the sheltered balconies that look out onto the Saône River. The geometry of the cones interacts with the essentially orthogonal outline of the building. An acoustic treatment of the intermediate spaces was generated using particle-board panels.

Les cônes donnent respectivement sur le ciel et sur la rivière. Ces ouvertures laissent généreusement entrer la lumière naturelle et offrent aux occupants du bâtiment un grand nombre de points de vue sur la Saône. Les cônes sont disposés de façon à donner une impression de mouvement, renforcée par les variations de la luminosité.

The cones open respectively onto the sky and the river. These openings bring in generous natural light and allow users the highest possible number of viewpoints out toward the river. The cones are articulated in such a way as to give an impression of movement, which is, of course, heightened by changing external light conditions.

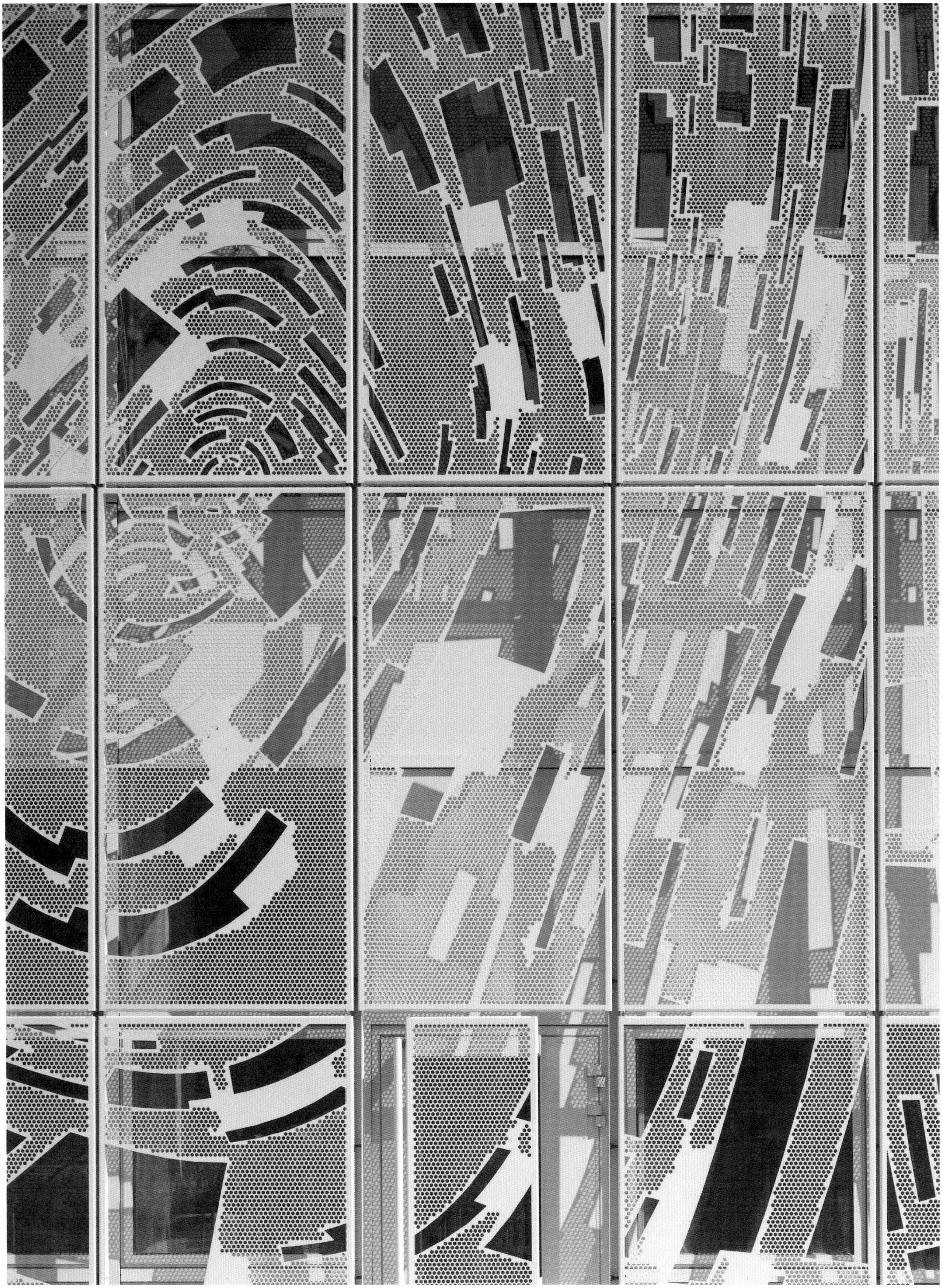

Les façades de métal perforé font office de pare-soleil. Leurs formes déclinent le concept de « vagues » et de « contre-vagues » imaginé dans le cadre de l'intervention artistique de Fabrice Hyber.

The perforated metal façades serve as a sunscreen. The concept behind these forms is that of "waves" and "counter-waves," conceived as part of the artistic participation of Fabrice Hyber.

Les espaces de bureaux donnent sur la terrasse du toit ou, plus bas, sur la rivière. Comme pour le Cube orange, le dessin de la façade se distingue aussi bien de l'extérieur que de l'intérieur du bâtiment.

Office spaces look out to the top-floor terrace, or, lower down, to the river. As is the case for the Orange Cube, the outer façade is legible as a separate presence from both the exterior and the interior.

GAUCHE
DROITE

euronews

Les Turbulences, Frac Centre-Val de Loire, Orléans

« Turbulences ». C'est par ce terme que Jakob + MacFarlane désigne ce projet conçu pour le Fonds régional d'art contemporain (Frac) Centre-Val de Loire. Son entrée, résolument contemporaine, fait écho aux œuvres exposées dans ce musée, qui abrite la troisième plus grande collection au monde consacrée à l'architecture expérimentale post-Seconde Guerre mondiale.

Les architectes ont imaginé deux trames principales qui se rejoignent et dialoguent avec les bâtiments anciens qui les entourent. Selon eux, « par la rencontre de ces deux grilles se matérialise une déformation, une convergence, une zone de turbulences, d'où peut surgir le Frac Centre ». Espace public ouvert sur la ville, le projet s'articule autour d'une cour intérieure qui fait la jonction entre les bâtiments préexistants et les espaces du musée. Les formes à facettes qui en émergent s'inscrivent à la fois dans le prolongement de la topographie naturelle du site et dans les « interférences des deux trames de structures ». Ouvertes à la lumière naturelle par leur sommet, elles accueillent les divers éléments du projet : une galerie d'expositions temporaires, un espace audiovisuel, un espace d'accueil et une librairie. Ces nouveaux volumes, dont l'enveloppe intérieure comme extérieure est faite de bois, de verre et de métal, créent un lieu de rencontre, d'échange et de déambulation qui conduit naturellement le public vers les espaces d'expositions permanentes et temporaires. Leur forme – et plus particulièrement celle des volumes d'entrée – prend racine dans l'histoire et la géométrie du lieu d'origine.

Un flot d'informations numériques imaginé par le duo d'artistes Electronic Shadow (Naziha Mestaoui et Yacine Aït Kaci) anime la façade. Ainsi, comme le soulignent les architectes, « volumes, surfaces et lignes fusionnent pour créer une présence dynamique et interactive en perpétuel changement ; en définitive, une dématérialisation de l'architecture devenue signal lumineux ».

Les Turbulences, FRAC Centre-Val de Loire, Orléans

The architects refer to "turbulent" extrusions when describing this project—a French government museum dedicated to experimental post-World War II architecture. Housing the third-largest collection of its kind in the world, the FRAC (Fonds Régional d'Art Contemporain) Centre-Val de Loire wished to make its presence known to the public with a strong contemporary entrance that would be in harmony with the experimental work on display.

The architects identified two structural grids that are overlaid within the historical context of the site. As they state, "The meeting and the convergence of these two geometries materialize in a deformation, a convergence, a zone of turbulence—the future presence of the FRAC Centre." The scheme defines an inner courtyard—a public area open to the city that links the buildings and programs of the institution. The shapes visible around the courtyard are the result of the natural topography of the site, but also of the "interferences of the two building grids." The faceted forms of the new construction are open at the top to natural light and contain the elements of the program—a temporary exhibition gallery, an audiovisual space, and a welcome area and bookstore. These new volumes create a place for meeting and exchange. Their combined surfaces ultimately form an ambulatory space that then leads the public to the temporary and permanent exhibition areas. The exterior and interior skins of the new volumes are made with metal, glass, and wood. The architects used current ideas about geometry and history to generate the entry volumes in particular.

A flow of digital information imagined by the artists Electronic Shadow (Naziha Mestaoui and Yacine Aït Kaci) animates the exterior façade. Again, in the words of the architects, "Volume, surface, and line fuse together to create a dynamic, interactive, and continually changing presence, ultimately the dematerialization of architecture into a signal of light."

À gauche et ci-dessous : Croquis conceptuels présentés au stade préliminaire du concours. Page de droite : Maquette présentée lors du concours. Celle-ci appartient désormais à la collection du Frac Centre-Val de Loire.

Left and below: Sketches that were submitted for the initial competition process.
Facing page: This model was also part of the competition submission and is today in the collection of the FRAC Centre-Val de Loire in Orléans.

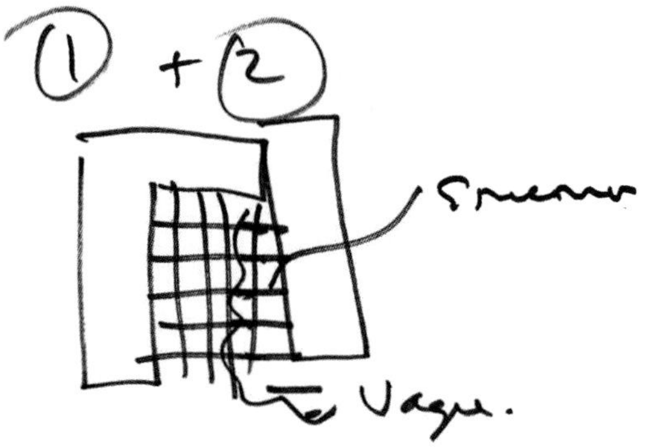

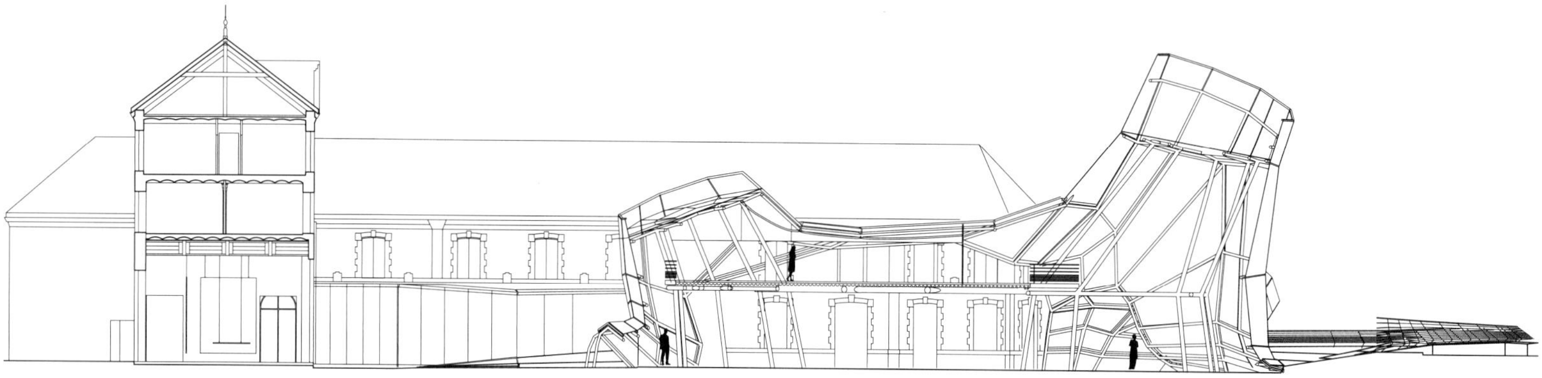

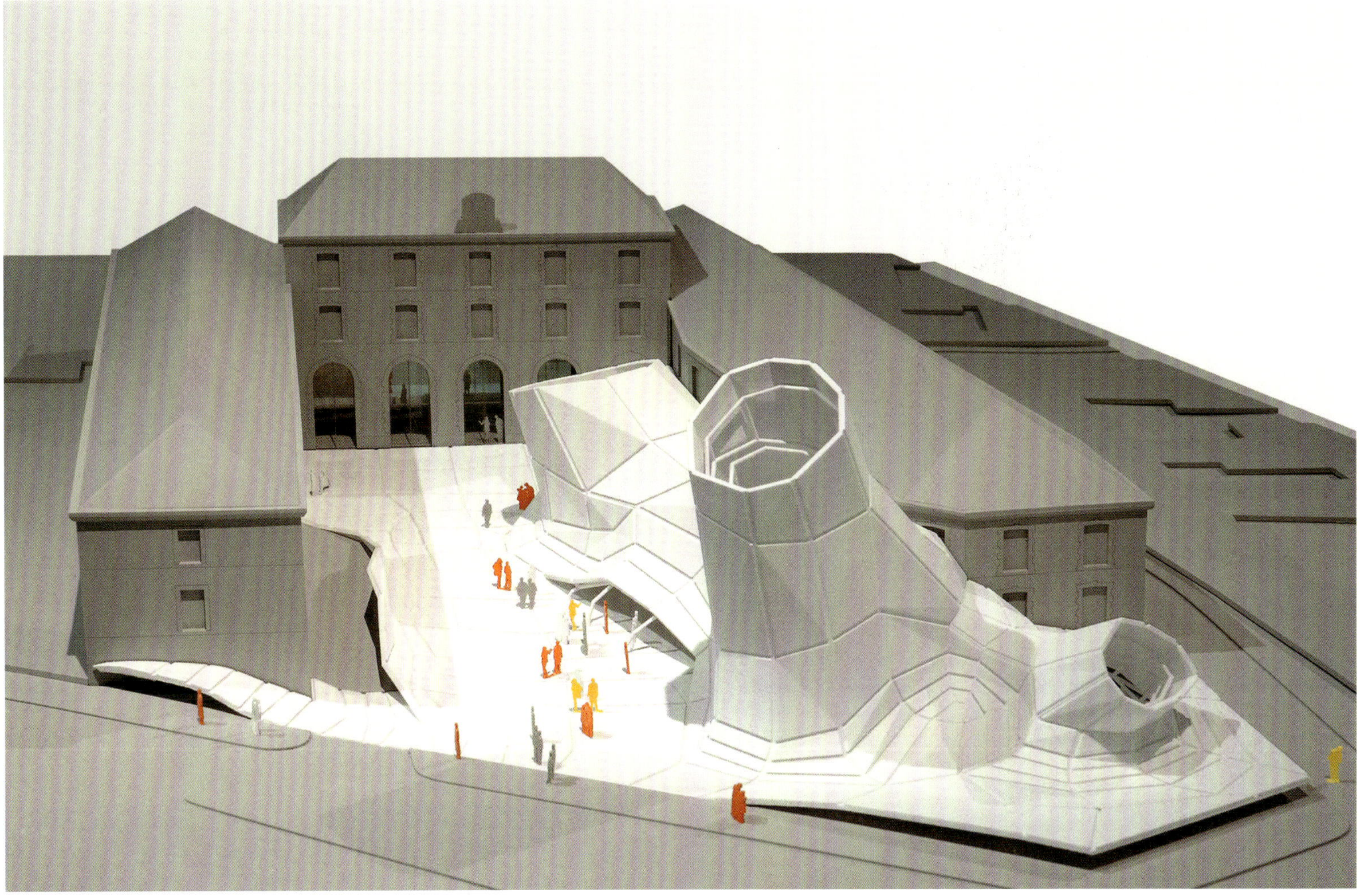

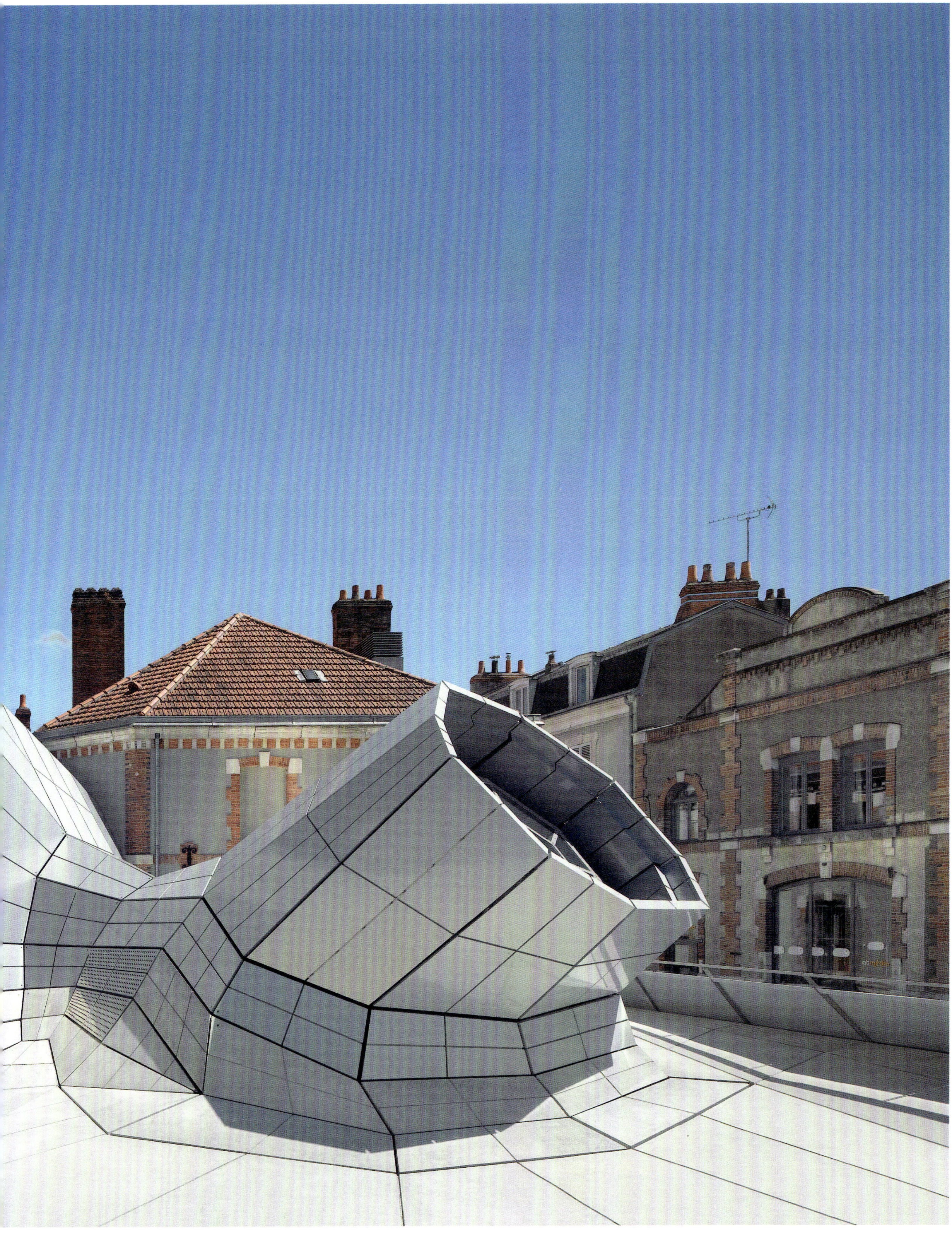

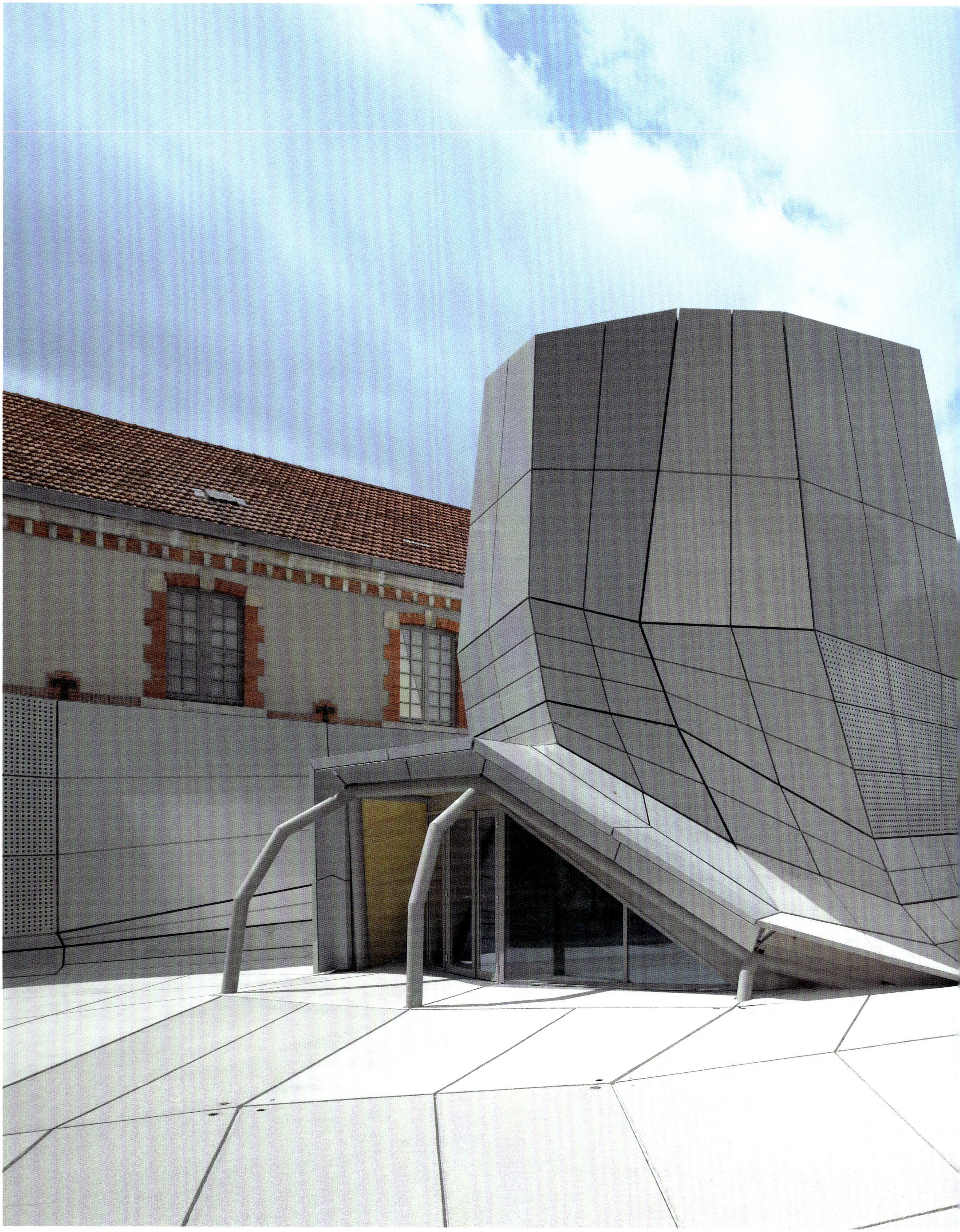

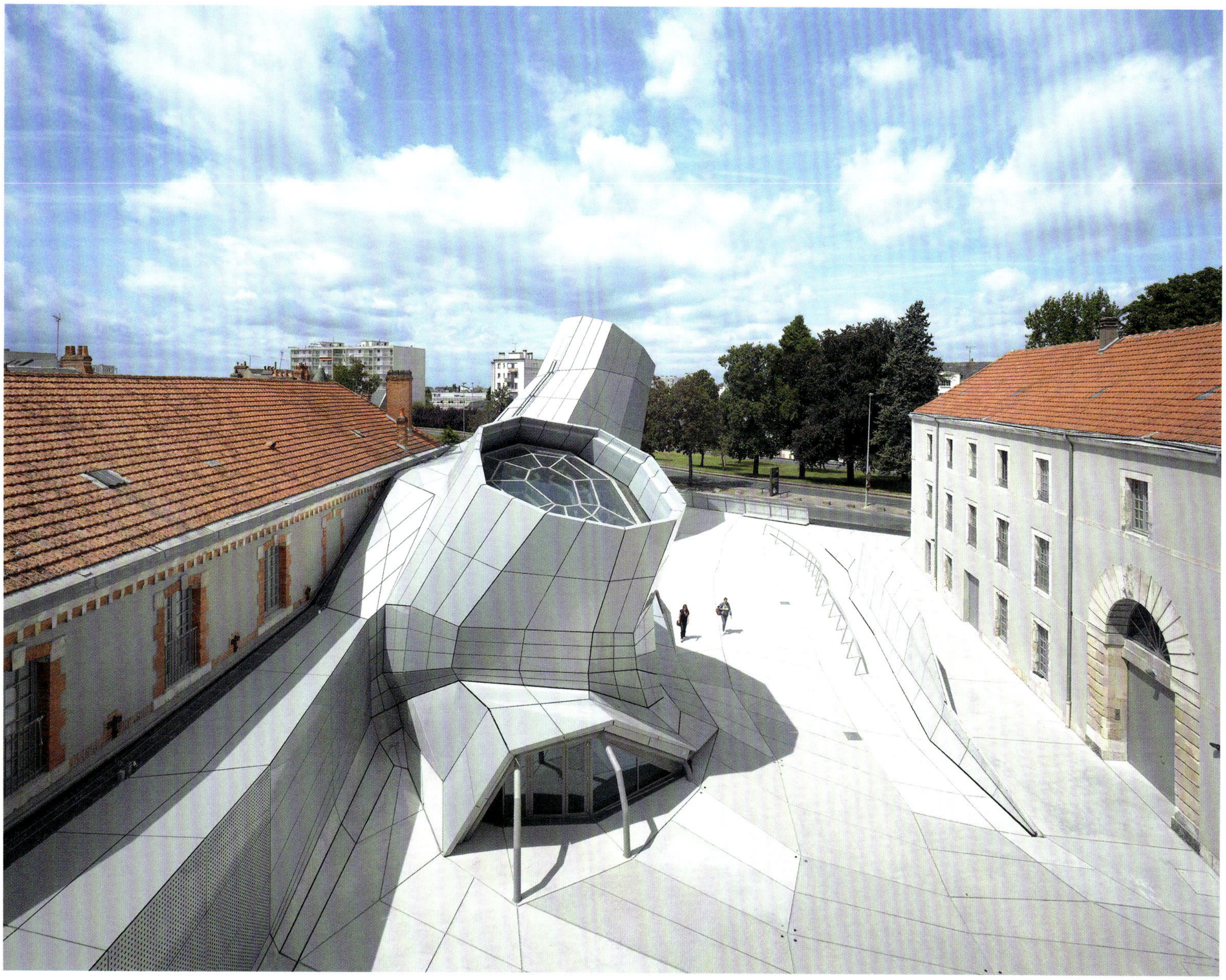

Page de gauche : Vue de la cour donnant sur le boulevard et ses rangées d'arbres. Le contraste entre les bâtiments anciens et les constructions nouvelles a été pensé pour respecter le patrimoine existant tout en marquant le lieu d'une empreinte résolument moderne.
À droite et pages suivantes : L'intervention artistique numérique conçue par Electronic Shadow.

Facing page: A view of the courtyard looking out toward the tree-lined boulevard. The contrast between the old buildings and the new shapes is managed in a way that respects the past while making a resolutely modern and visible gesture.
Right, top and bottom, and pages 90–91: Images showing the digital artistic participation conceived by Electronic Shadow.

CENTRE

À l'intérieur, des oculi laissent entrer la lumière naturelle dans les trois volumes consacrés à la bibliothèque, à l'espace performance et au salon vidéo.

Three interior spaces for the library, performance area, and video lounge are related to the oculi that bring in natural light.

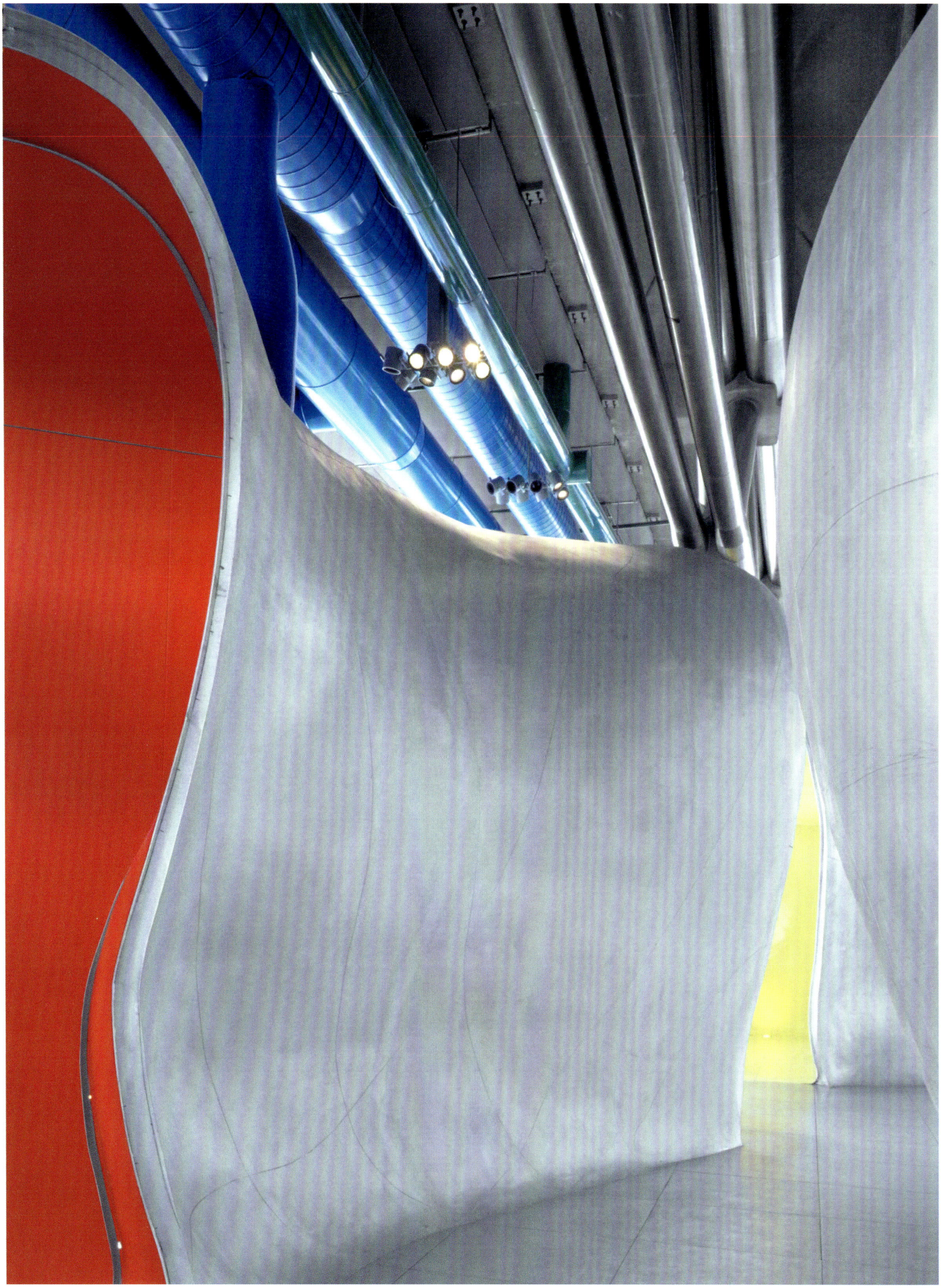

Restaurant Georges, Centre Pompidou, Paris

Lauréat d'un concours organisé par le Centre Pompidou, ce projet est l'une des premières réalisations remarquées de Jakob + MacFarlane. Situé au sixième et dernier étage du musée d'art moderne, Georges, restaurant des frères Costes, réputés pour leurs brasseries parisiennes, s'étend, à quelques pas des espaces d'expositions temporaires, sur une surface de 900 mètres carrés, auxquels il faut ajouter 450 mètres carrés de terrasse.

Face au design puissant du musée imaginé par Piano & Rogers et ouvert au public en 1977, les architectes ont souhaité apporter une « présence impalpable, comme un arrière-plan ». Pour cela, ils ont imaginé de déformer le sol en créant une sorte de peau sous laquelle ont été insérés des volumes en aluminium destinés à accueillir la cuisine, le bar, le vestiaire et un espace de réception privé. Leur dessin aux courbes libres générées par ordinateur s'inscrit résolument dans la trame propre au Centre Pompidou. Sous certains aspects, le restaurant peut être vu comme une feuille de caoutchouc posée sur le squelette du bâtiment. Ses volumes sont comme des poids qui déforment le sol, comme une planète ou une étoile courbe le champ gravitationnel. Ces formes composent une suite de trois univers : on entre par le premier, fonctionnel et poreux ; on parcourt le deuxième qui offre des échappées vers l'extérieur, la terrasse et son panorama ; avant d'arriver au troisième, l'espace libre en périphérie et sa vue plongeante sur la ville.

Le concours, lancé en 1998, prévoyait également la conception des meubles et de l'éclairage ; les tables et les chaises ont toutes été pensées à la même hauteur, 70 centimètres, afin de « créer un océan de mobilier qui puisse joindre en toute fluidité l'espace intérieur à la terrasse extérieure ».

Georges Restaurant, Centre Pompidou, Paris

Commissioned for the Centre Pompidou, this was one of the first projects to bring Jakob + MacFarlane to public attention. This sixth-floor restaurant and outdoor terrace situated at the top of the museum is operated by the Costes brothers, well known in Paris for their quality brasserie fare. There is 9,690 sq. ft. (900 m^2) of interior area and 4,850 sq. ft. (450 m^2) of exterior terrace space, all just a few steps from the temporary exhibition galleries of the museum.

The architects explain how they endeavored to create a "kind of non-existent or background presence" in the face of the powerful Piano & Rogers design of the cultural center, which opened to the public in 1977. They imagined the new volumes of the restaurant as a kind of skin or floor in which they inserted a series of aluminum volumes, intended to house the kitchen, bar, coat check, and private reception area. An example of freely curved, computer-generated design, the built elements of the Georges are in fact clearly based on the grid of the Pompidou building itself. In some sense, the Georges can be imagined as a kind of rubber sheet incorporating the building grid—the new volumes are like a weight or form placed on the sheet, thus deforming it, just as the presence of a planet or star disturbs a gravitational field. These emergences define three sequences: a functional porous interior into which one enters; a second between two mysterious spaces of varied width in which one wanders, with openings toward the exterior, the terrace, and the panorama; and, finally, the free periphery which directs the gaze toward the city.

The project was the result of a 1998 competition entry and encompassed a complete design mission, including furniture and lighting. Tables and chairs are all aligned at an exact height of 27½ in. (70 cm) above the floor in order "to create a sea of furniture, making outside terrace join seamlessly with inside space."

Ci-dessous : Ces premières maquettes ont servi à créer les moules des formes en aluminium imaginées par les architectes.
Page de droite : Ce point de vue depuis le musée montre le dialogue entre les formes nouvelles et les éléments structurels du Centre Pompidou.

Below: Early study models that served to create the molds for the aluminum forms imagined by the architects.
Facing page: A view from the museum galleries showing the dialogue between the new forms and the structural elements of the Centre Pompidou itself.

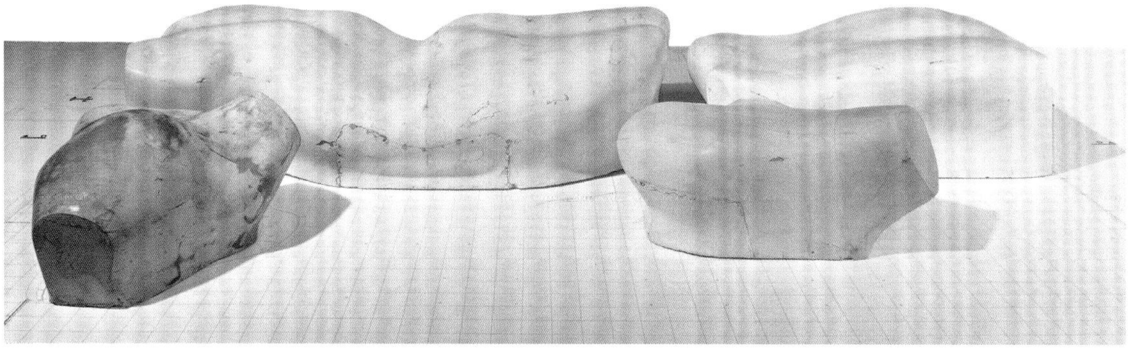

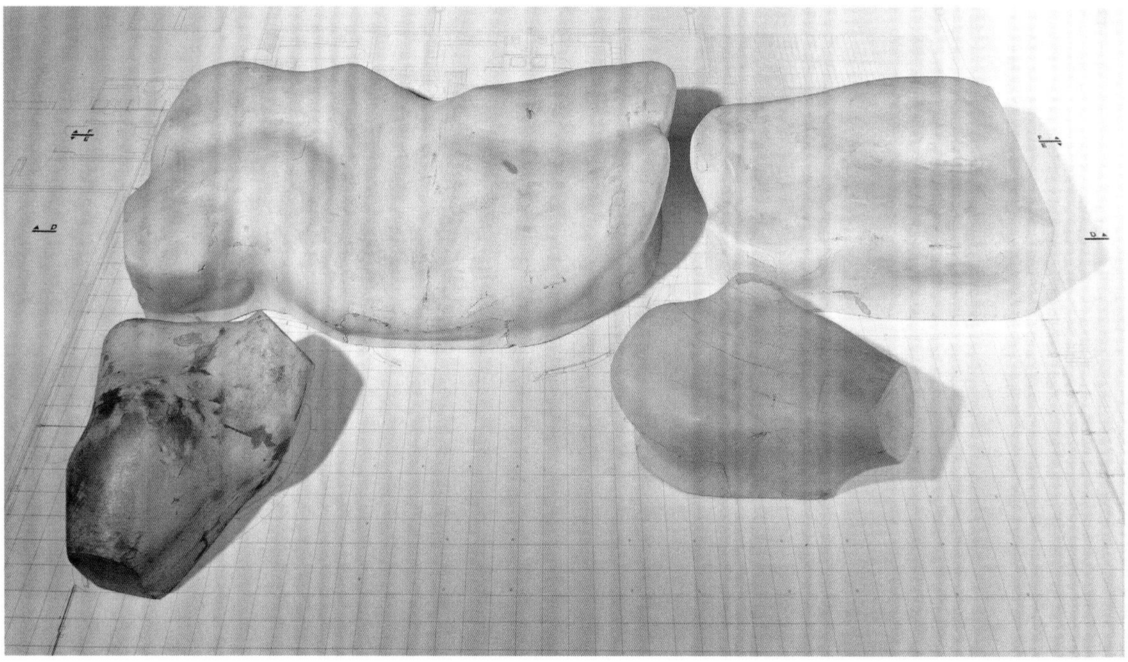

Les sols et les surfaces en aluminium brossé des nouveaux volumes ont été conçus de manière à créer un contraste avec les tubulures colorées du bâtiment de Piano & Rogers. La surface interne de ces nouvelles formes est revêtue de caoutchouc coloré. Le mobilier, dessiné par Jakob + MacFarlane, forme une trame conçue à partir de la hauteur des tables.

The brushed aluminum floors and exterior surfaces of the new volumes were conceived as an intentional contrast to the colored tubes of the original Piano & Rogers architecture. The interiors of the new shapes are clad in colored rubber. The furniture by Jakob + MacFarlane affirms a matrix in the design that is based on the height of the tables.

Librairie Florence Loewy, Paris

Florence Loewy compte parmi les grandes spécialistes en éditions d'artiste. Pour concevoir sa librairie, les architectes ont dû relever un défi ambitieux : créer un lieu modulable d'exposition et de stockage dans une surface très réduite (35 mètres carrés). « Nous avons décidé d'utiliser la taille standard d'un livre comme référence pour définir les dimensions du système de rayonnage, qui prend ainsi la forme d'une structure tridimensionnelle de 36 × 36 × 36 centimètres. Le livre est ainsi la base de ce système infini conçu pour remplir tout le volume de la librairie. Nous avons ensuite imaginé le parcours type d'un client qui flânerait et pénétrerait toujours plus profondément dans la matrice jusqu'à balayer 70 % du volume. »

Des trois blocs de rayonnages créés, deux sont pourvus de réserves dissimulées à l'intérieur du volume. Ce jeu sur le visible et l'invisible permet la création de présentoirs et de grands volumes de stockage dans un espace pourtant limité. Ces éléments interdépendants s'adaptent à l'espace intérieur pour ménager le passage d'une poutre ou contourner un poteau. Les blocs, composés de grands plans verticaux découpés, isolés du maillage et incurvés, forment une première structure dans laquelle viennent s'insérer, à intervalles réguliers, des plans horizontaux. De cette composition naît une série d'alvéoles et de tables, matière première de l'architecture en elle-même. Exposés, dissimulés dans l'épaisseur de la structure ou simplement rangés, les livres constituent l'unité de base de cet espace. Une installation résolument moderne qui tire sa forme même de l'objet qui en est l'essence, un « projet à vif », selon les mots des architectes, qui fait écho à leurs recherches effectuées pour la réalisation du restaurant Georges un an auparavant.

Florence Loewy Bookstore, Paris

The Florence Loewy bookstore specializes in books created or conceived by artists. The challenge faced by the architects was to create a flexible system for display and stock in a very small area—377 sq. ft. (35 m²). As the architects explain, "We decided to take the average-sized book as an increment that would then define the dimensions of a shelving system in a 3D matrix of 14 × 14 × 14 in. (36 × 36 × 36 cm). The book determined an infinite system that was then imagined as filling the entire volume of the store. We modeled the imaginary circulation route of a person who might browse and then penetrate deeper into the matrix, which would eventually hollow out a good 70 percent of the volume."

They created three islands of book stack areas, two of which have hollow cores for stocks of books. The play on the visible and the invisible allows for the creation of shelving and a large volume for storage in a small space. Independent of each other, these visible and invisible elements are organized in relation to the interior in order to allow for the passage of a beam or the circumvention of a column. The islands are composed of large vertical planes cut from the grid and curved, forming a first structure into which a series of horizontal planes are inserted at regular intervals. From this process results a series of interlocking slots and tables, the raw material of the architecture itself. Exposed, concealed in the thickness of the structure, or simply placed and stored, the books are the basic generating unit of the space. The architects call this a "skinless project"—one that makes visible the research carried out on the structure of the Georges Restaurant one year earlier.

Derrière la façade sur rue du XVIIe siècle se distingue le nouvel agencement intérieur de la librairie. Les architectes se sont approprié les espaces existants au moyen d'« îlots » en bois incurvés, qui dissimulent des espaces de stockage pour les livres.

The seventeenth-century street façade of the bookstore allows a view into the new interiors. The existing interior spaces were appropriated by the architects, who used curving wooden "islands." The interior of the islands offers hidden storage space for the store's stock.

Les architectes ont imaginé une matrice fondée sur la taille moyenne d'un livre.
Page de droite, en haut : L'espace de rangement intérieur d'un îlot.
Page de droite, en bas : Ce schéma conceptuel développe la forme des trois îlots de base.

The architects imagined a matrix based on the size of the average book.
Facing page, top: The interior storage space of an island.
Facing page, bottom: Conceptual drawings illustrate the development of the three basic island forms.

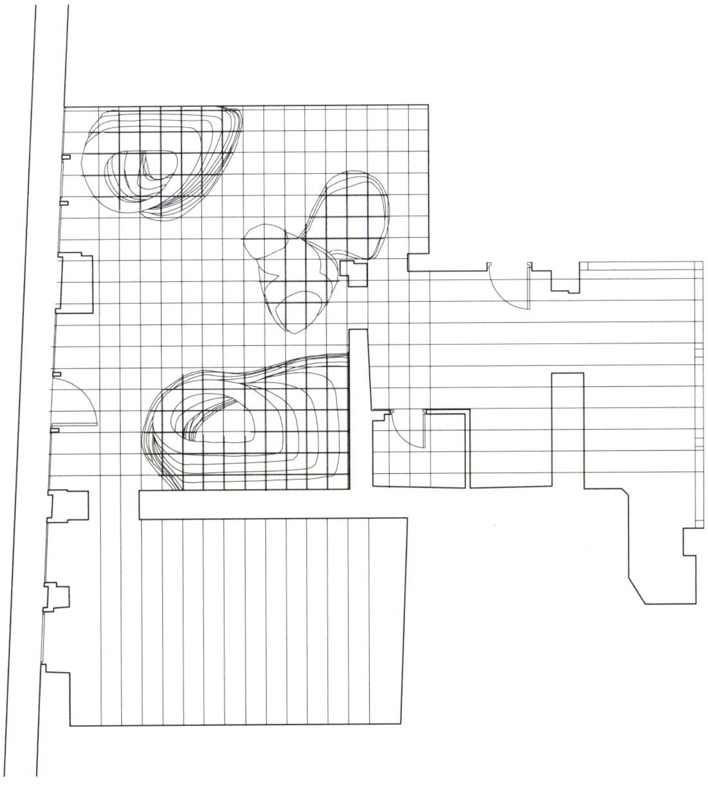

Logements sociaux Hérold, Paris

Érigé en 1893 dans le XIXe arrondissement de Paris, l'hôpital Hérold a fermé ses portes en 1988. Vingt ans plus tard, le site accueille 100 logements sociaux conçus par Jakob + MacFarlane pour la Régie immobilière de la ville de Paris. Les trois « formes minérales » imaginées par les architectes sont le fruit d'une analyse minutieuse du site et de ses contraintes, notamment la présence d'arbres protégés, l'existence d'un mur longeant le boulevard périphérique, de limitations imposées de hauteur et d'espaces non constructibles. À ces contraintes s'ajoute une typologie particulière du terrain, qui a influencé la trame du projet.

Une structure orthogonale s'élève ainsi sur cinq à six niveaux, dessinant une silhouette et des façades à multiples facettes. De cette matrice et des contraintes du terrain se dégage l'organisation des plans verticaux et horizontaux, qui forment la structure portante des bâtiments. À partir d'une large base, la structure régulière du bâtiment est constituée d'une succession de segments horizontaux de tailles variables, donnant ainsi naissance aux étages. La couleur du béton autoplaçant teinté dans la masse fait référence à celle de la brique des HBM (habitations à bon marché) alentour qui datent du début du XXe siècle. À l'extérieur, les garde-corps sont positionnés en retrait des bordures des balcons et des rideaux translucides en EFTE ont été installés afin de créer un jardin d'hiver entre les balcons et les façades, préservant ainsi les occupants de l'environnement urbain. L'accès aux appartements se fait par des coursives en plein air, favorisant les échanges entre habitants.

Ce projet s'inscrit dans une démarche écologique globale. Ainsi, au-delà des nombreux espaces verts, les toits de ces 6 600 mètres carrés de bâtiments accueillent plantes grasses et panneaux solaires, permettant de réelles économies d'énergie. Les chambres et les salons sont orientés au sud, vers le cœur du projet, tandis que les blocs techniques et les zones de circulation, orientés à l'est et au nord, donnent sur la rue. Selon les architectes, « d'un point de vue typologique, une certaine fluidité prévaut. À l'intérieur, des cloisons coulissantes définissent l'espace et libèrent les façades dans un plan assurant une continuité ; elles offrent davantage de perméabilité et de souplesse pour l'utilisateur. Les couloirs sont réduits au minimum. Depuis l'entrée des appartements, point de distribution qui s'ouvre sur les grandes diagonales du salon et des autres pièces, l'attention est aussitôt attirée par la vue extérieure ».

Hérold Social Housing, Paris

Built in 1893 in the 19th arrondissement of Paris, the Hôpital Hérold closed in 1988. Twenty years later, one hundred social housing units designed by Jakob + MacFarlane for the Régie Immobilière de la Ville de Paris—the city's public housing authority—were created on the former hospital site. The three "mineral forms" imagined by the architects are the product of a careful analysis of the site and its constraints, including protected trees, a wall along the Boulevard Périphérique, height limitations, and spaces that could not be used for construction. A matrix structure generated by an irregular floor grid was used together with these restrictions to create the required spaces.

A vertical orthogonal grid thus rises from five to six floors above ground level, with a faceted silhouette and façades. The organization of the vertical orthogonal planes is the result of this grid and of the limitations of the zone; it forms the carrying structure of the buildings. The structure develops a thick base and horizontal planes that are formed by irregular segments on a regular frame, resulting in the levels of the floors. The color of the concrete is a reference to the brick of the neighboring early twentieth-century HBM (Habitations Bon Marché—affordable housing). Given the urban environment, the architects took steps to protect residents by using railings that are set back from balcony edges and a translucent EFTE curtain that creates a winter garden space between the balconies and the earthen-colored façades. Access to the apartments is along open-air corridors, which encourages encounters between residents.

The roofs of the 71,040-sq. ft. (6,600-m^2) building are covered partly with flowering sedum plants and partly by solar panels, contributing to an overall ecological strategy supported by numerous green spaces and confirmed by actual energy savings. Bedrooms and living spaces are oriented toward the south, the heart of the project area, while technical blocks and the circulation zones face east and north toward the street. As the architects state, "From a typological point of view there is a certain fluidity in the plans. Sliding walls define the space and liberate the façades into a plan of continuity. They allow more permeability and flexibility for the user. The corridors are reduced to a minimum. The entry is a point of distribution opening onto the big diagonals of the living room and the other rooms. Hence, attention is drawn to the panorama."

Les bâtiments aux formes irrégulières s'intègrent harmonieusement à leur environnement urbain représenté par le quadrillage du plan ci-dessous.

The irregular buildings are carefully inserted into the urban context, seen as a grid in the plan below.

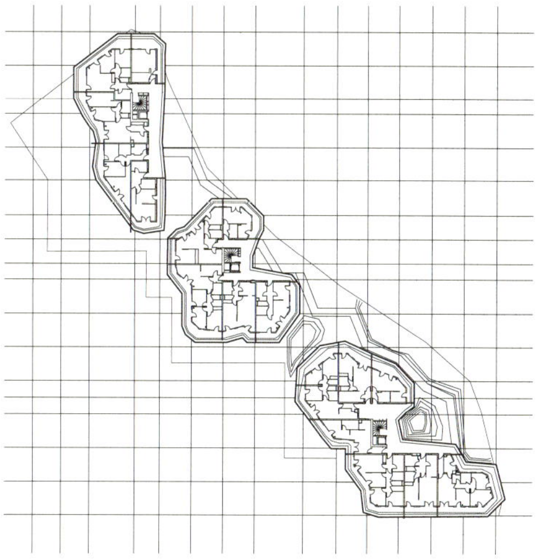

Page de gauche : Vue d'ensemble des logements avec leurs rideaux en EFTE conçus pour créer des jardins d'hiver. Dans une ville qui a toujours privilégié les façades orthogonales, ces bâtiments se distinguent de manière positive.
Ci-dessous : Ces maquettes en volume, aujourd'hui dans la collection Mies van der Rohe, permettent de visualiser la matrice conçue par les architectes pour le site.
À droite : L'ambiance sereine des jardins partagés.

Facing page: A general view with the EFTE curtains that provide winter gardens. In a city that has always privileged fairly orthogonal façades, these new buildings stand out in a positive way.
Below: A conceptual model, today in the Mies van der Rohe Collection, shows the matrix developed by the architects for the site.
Right: Communal yet intimate garden spaces.

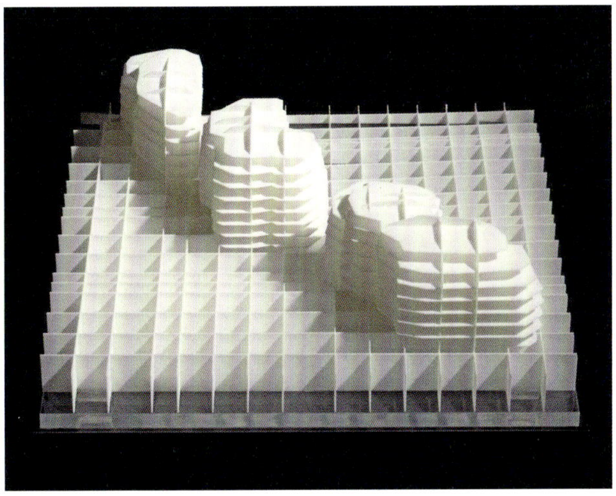

L'accès aux appartements se fait par de vastes balcons en béton désactivé de la même couleur que le revêtement du bâtiment. Cette couleur fait écho à celle des façades de brique de la plupart des immeubles du quartier. Ces coursives sont aménagées côté nord, sur rue, ce qui permet aux façades opposées, côté jardin, de bénéficier de calme, loin de l'agitation de la ville.

Access to the apartments is provided via generous balconies in rough concrete, which is the same color as the vertical cladding of the buildings. The clay color of the concrete is intended to echo the brick façades that characterize many of the buildings in the area. The access balconies are located on the street side to the north of the site, allowing users on the garden side to enjoy the calm, away from the street noise.

La végétation est présente partout, le long des allées du rez-de-chaussée, mais aussi en hauteur, près des escaliers et des ascenseurs. La verdure s'impose pour que les habitants aient l'impression de vivre au milieu d'un jardin.

The presence of the gardens is felt everywhere—in the alleyways near the ground floor, and even above, near the stairways and elevators. The overall concept is designed to make residents feel like they actually live in a garden.

La conception intérieure se distingue par la simplicité de son plan et des matériaux choisis, ainsi que par ses grandes ouvertures vers les balcons.

Interior design focuses on simple planning and material finishes, with generous openings to the balconies.

Les Docks, Cité de la mode et du design, Paris

Un bâtiment en béton, étroit et en longueur, construit en 1907 sur les rives de la Seine par Georges Morin-Goustiaux, forme la structure originelle de ce projet. Face à la gare de Lyon et à proximité de la gare d'Austerlitz, cet ancien dépôt – qui fut l'un des premiers bâtiments en béton armé de Paris – servait à stocker des marchandises en transit apportées par péniche. Un concours d'architecture, organisé par la ville de Paris, afin de créer un nouveau lieu sur ce site, laissait le choix de conserver la structure existante ou de la supprimer. Lauréat, Jakob + MacFarlane a choisi de la conserver (dalles et piliers) et de s'en servir comme fondement de leur projet. À l'origine, ce bâtiment sur trois niveaux avait été conçu comme une suite de quatre pavillons constitués chacun de cinq ouvertures – une de 10 mètres de large et quatre de 7,50 mètres de large. Au niveau du quai d'Austerlitz, la plus large des ouvertures permettait d'accéder au bâtiment depuis la rue, tandis que les autres, surélevées de 1,25 mètre, facilitaient le stockage et le déchargement des marchandises.

Le projet, baptisé *Plug-Over*, a consisté à composer autour du bâtiment une nouvelle peau, en s'inspirant du courant de la Seine et du flux des promeneurs le long de la rive. Cette enveloppe protège la structure existante, tout en aménageant une nouvelle épaisseur pour accueillir la majeure partie des zones de circulation du public. Un niveau supplémentaire a aussi été créé grâce à l'aménagement du toit réalisé avec Michel Desvigne. La structure qui sous-tend cette peau résulte d'une déformation systématique de la grille conceptuelle du bâtiment d'origine. Pour prolonger ce qui existait déjà, une méthode par arborescence a été choisie, comme si le nouveau bâtiment « poussait » à partir de l'ancien, à la manière des branches d'un arbre. Cette nouvelle peau est faite de verre et d'acier, de terrasses en bois et d'un toit végétalisé et facetté. Pour les architectes, l'idée du *Plug-Over* « était non seulement d'exploiter au maximum l'enveloppe du bâtiment, mais aussi de mettre en place un espace public fluide et continu, qui permette au promeneur de passer des berges du fleuve à la terrasse panoramique, puis de redescendre en une grande boucle, inscrivant ainsi le bâtiment dans le contexte urbain ». Dédiés à la mode et au design, Les Docks accueillent aujourd'hui des espaces d'exposition, l'Institut français de la mode (IFM), des cafés et restaurants. Grâce à leur couleur vert vif et à leur position au cœur de la ville, ils sont devenus un repère incontournable en journée, ou la nuit grâce à la mise en lumière de l'artiste Yann Kersalé.

The Docks, Cité de la Mode et du Design, Paris

This project was based on a long, thin, concrete building built in 1907 by Georges Morin-Goustiaux on the banks of the Seine. Located opposite the Gare de Lyon and near the Gare d'Austerlitz, the depot structure, which was one of the first reinforced-concrete buildings in Paris, was used to store goods brought up the river by barge and due for further transfer. The City of Paris launched a competition to create a new facility on this site, leaving it up to the architects whether they wished to retain the earlier structure or not. Jakob + MacFarlane opted to retain the structure of the existing building (slabs and pillars) and use it to form and influence the new project. The three-story structure was designed as a series of four pavilions, each with one 32 ft. 9-in. (10-m) wide bay and four 24 ft. 4-in. (7.5-m) wide bays. On the level corresponding to the Quai d'Austerlitz, the wider bay is accessible from the street, with the other bays 4 ft. (1.25 m) higher, facilitating the storage and loading of materials for transport.

The concept of the new project is described as a "Plug-Over." A new skin inspired primarily by the flow of the Seine was added, as were promenades along the riverbank. The skin both protects the existing structure and forms a new layer containing most of the public circulation systems, as well as creating a new top floor to the existing building, developed with Michel Desvigne. The new structural system supporting this skin is the result of a systematic deformation of the existing conceptual grid of the older building. An arborescent generating method was used to create a new template from the existing system, in a sense "growing" the new building from the old, like new branches forming on a tree. The skin is made of glass, steel, wood decking, and a planted, faceted roofscape. As the architects state, "The 'Plug-Over' not only operates as a way of exploiting the maximum building envelope, but also enables a continuous public path to move up from the riverside through the building from the lowest level alongside the Seine to the roof deck and back down—a kind of continuous loop enabling the building to become part of the urban condition." The program encompasses the themes of design and fashion, and includes exhibition spaces, the French Fashion Institute (IFM), cafés, and restaurants. Highly visible during the day, due to its location opposite one of the main traffic arteries of Paris and because of its bright green color, at night the 215,280-sq. ft. (20,000-m^2) building also stands out thanks to lighting designed by the artist Yann Kersalé.

NATIXIS

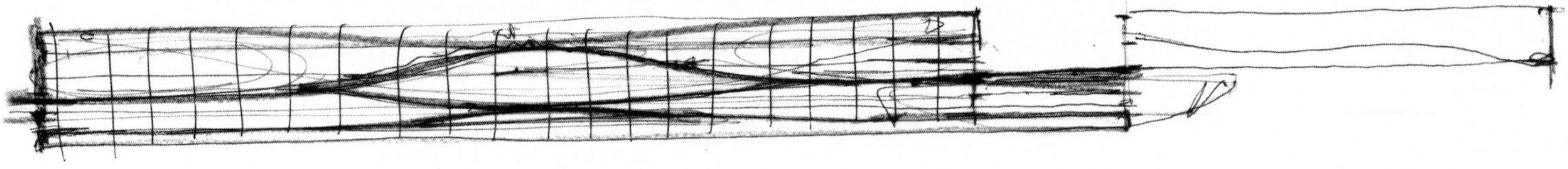

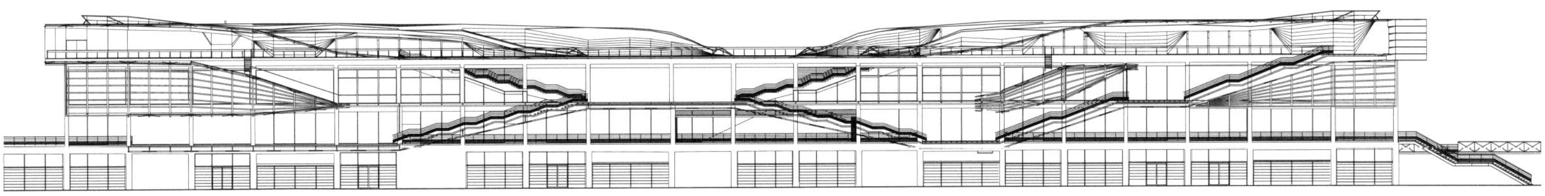

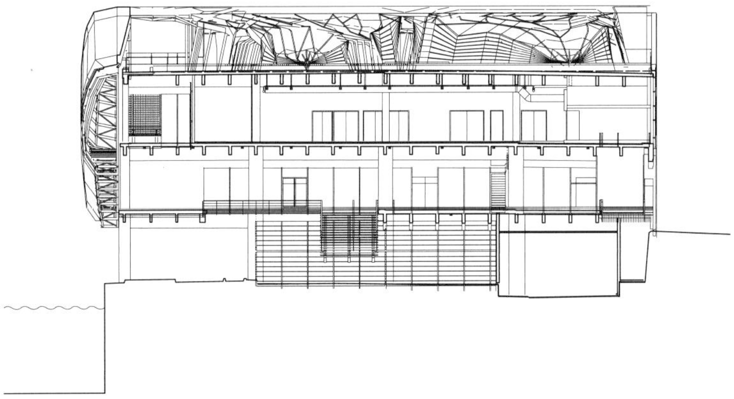

Page de gauche : Un embarcadère fait le lien entre le fleuve et le volume vert, tout en fluidité, du bâtiment.
Ci-dessus : Différentes études de conception, dont un dessin qui montre clairement l'inspiration née de la Seine, des cales et des escaliers qui la bordent. Le projet propose divers espaces de circulation comme des passages piétonniers et des accès au fleuve.

Facing page: A stairway leading down to the river or up to the flowing green volume of the building.
Above: Conceptual studies including a sketch in which the inspiration of the river and boat ramps and steps along the Seine is evident. The project allows for different mobility options, including river access and walkways.

30
P

Les volumes ajoutés ont été conçus comme une « enveloppe verte continue », qui se découpe de façon orthogonale au-dessus de la matrice formée par le cadre en béton.

The added forms were imagined as an "endless green extrusion," which is cut off in an orthogonal way above the grid-based concrete frame.

Si la structure en béton de 1907 a été conservée, elle a été enrichie de nombreux passages qui conduisent des rives de la Seine aux espaces végétalisés du toit. Yann Kersalé a mis en lumière l'ensemble du bâtiment, soulignant ainsi les irrégularités du béton d'origine.

The original 1907 concrete structure was conserved, but a continuous, generous walking connection was established between the banks of the Seine, leading up to the rooftop garden spaces. Artist Yann Kersalé's light work is visible throughout and even highlights the irregularities of the original concrete.

SEINE.

Ci-contre, en bas : L'auditorium Yves Saint Laurent a été conçu en 2008 en étroite collaboration avec Pierre Bergé, président fondateur de l'Institut français de la mode.
Page de droite : Un vide a été créé au niveau de l'entrée afin de tisser de nouveaux liens entre le fleuve et le quai supérieur.

Left, bottom: The Yves Saint Laurent auditorium was designed in 2008 in close collaboration with Pierre Bergé, the founder and president of the Institut Français de la Mode.
Facing page: A void was created near the entrance, creating further links between the river and the upper quay.

DOCKS EN SEINE

De nouveaux volumes semblent émerger de la terrasse du toit. Le bois du sol et des murs se marie harmonieusement avec la structure tubulaire verte. Le jardin a été réalisé avec l'architecte paysagiste Michel Desvigne.

New volumes appear to emerge from the roof deck. The wooden deck and walls are combined with a tubular green structure. The rooftop garden was conceived by the landscape architect Michel Desvigne.

Intervention artistique de Yann Kersalé
sur l'ensemble des éclairages du bâtiment
dont la spectaculaire mise en lumière
du *Plug-Over* au-dessus de la Seine.

Two views showing Yann Kersalé's involvement
in the building's lighting system, including
the spectacular illuminated skin above the Seine.

Pavillon nomade, Paris

Ce pavillon itinérant de 370 mètres carrés a été érigé en juin 2011, à Paris, devant la Géode de la Cité des sciences de La Villette. Commande du Groupe Orange dans le cadre de l'exposition « Hello demain », cette structure, fabriquée à partir de tubes en acier laqués et d'une toile orange précontrainte, avait pour objectif de « présenter, via un événement, l'avenir de la technologie numérique et des technologies de communication ».

Des tubes horizontaux avaient été boulonnés à des structures polygonales, elles-mêmes fixées au sol, l'ensemble étant conçu par un programme informatisé afin de faciliter fabrication et assemblage. À l'intérieur était mis en valeur « la ville de demain », ville connectée au cœur d'un réseau de rues et de routes, dans lequel les visiteurs pouvaient interagir via de nouveaux médias et de nouveaux systèmes de communication. Pour les architectes, « le pavillon se voulait le contenant de multiples supports d'information aux formes organiques, ouvert à tous et propice à l'interaction ».

Nomad Pavilion, Paris

The temporary 3,982-sq. ft. ($370\text{-}m^2$) Smart City pavilion was erected in front of the Géode at the Cité des Sciences, in the La Villette area of Paris, in June 2011. Made of tubular steel and orange pretensioned canvas for the Orange Group, the purpose of the structure, in the context of the *Hello demain* exhibition, was to "showcase the future of digital technology and communication technologies through this event."

Horizontal pipes were bolted to polygonal frames, which were in turn fixed to the ground, all in a computer-generated scheme for ease of manufacturing and assembly. The future connected city of Paris, within the surrounding network of ring roads and streets, was highlighted in a way that was intended to interact with visitors through their movements via new media and communications systems. As the architects explain, "The pavilion resembles a container of various organically shaped information carriers, where everyone interacts and passes through."

Une structure orange tubulaire forme un exosquelette sur lequel est fixée une peau en géotextile. Le pavillon a été conçu de façon à pouvoir être aisément démantelé et reconstruit ailleurs. Le projet a été réalisé à l'occasion d'une grande campagne de promotion de la ville numérique du futur.

A tubular orange structure forms an exoskeleton to which a geotextile skin is fixed. The pavilion was designed to be easily dismounted and recreated on another site. The project was an integral part of a major French communications campaign promoting the idea of the digital city of the future.

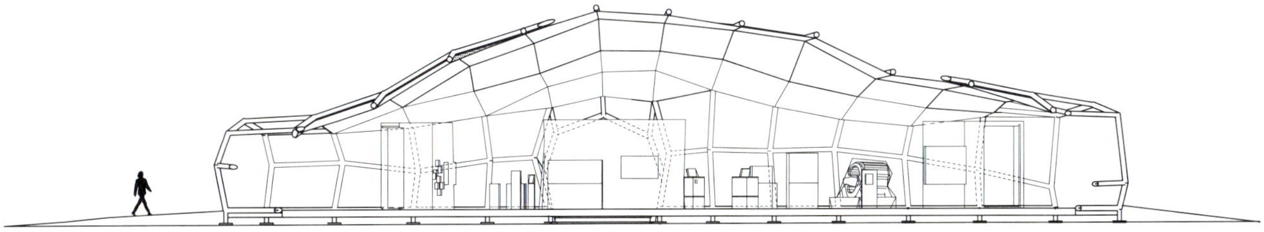

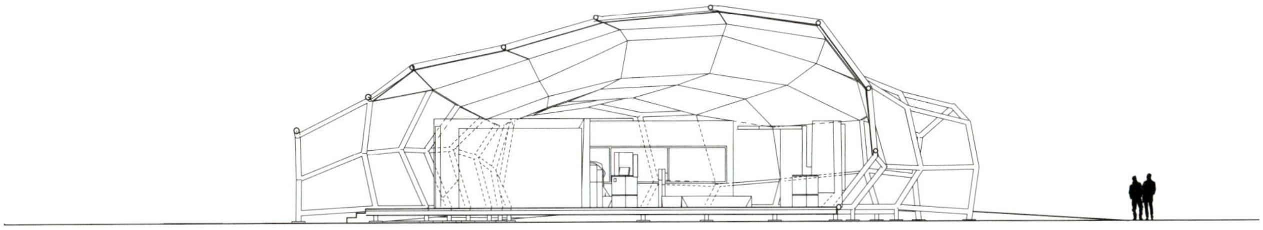

Maison connectée, Boulogne-Billancourt

La ville de Boulogne-Billancourt est réputée pour son architecture moderne en raison des nombreuses créations qu'elle abrite, signées de grands noms comme Le Corbusier ou Robert Mallet-Stevens. C'est dans cette ville aux portes de Paris que s'élève cette vaste maison d'habitation. Le plan original imaginé par Jakob + MacFarlane fait directement référence aux maisons modernistes du quartier. Fidèles à l'esprit d'expérimentation de leurs illustres prédécesseurs, les architectes se sont inspirés de la proximité des bois et forêts de l'Ouest parisien pour concevoir un projet transposant les fonctions naturelles de l'arbre.

La villa se dresse sur quatre niveaux au-dessus d'un sous-sol et s'organise autour d'un cœur en bois entouré de métal et de verre, derrière une façade facettée. Le noyau de circulation en bois s'étire sur toute la hauteur jusqu'au toit-terrasse. Ce projet a été pensé dès l'origine comme une « maison-arbre ». La métaphore de l'arbre est ainsi présente dans l'ensemble du bâtiment, notamment dans la structure tubulaire en forme de branches, « conçue comme une matrice tridimensionnelle qui devient exosquelette et permet l'organisation libre des différents niveaux ». À l'image des cercles concentriques des troncs d'arbre, la maison est organisée autour d'un axe central sur cinq étages, du sous-sol à la terrasse, entouré des espaces d'habitation, eux-mêmes entourés par une enveloppe facettée qui forme la façade, l'écorce extérieure.

La maison et ses extérieurs sont résolument connectés, au sens contemporain du terme, à la fois par le biais de la domotique et par leur intégration au réseau urbain. Chaleur et énergie sont fournies par géothermie. Autour de la propriété, la grille de métal noire a été conservée pour préserver la cohérence esthétique de l'avenue. Chênes verts, chênes rouvres, pins sylvestres et magnolias, plantés aux limites nord et sud du terrain, soulignent l'aspect innovant de cette œuvre architecturale tout en l'intégrant de manière remarquable dans son environnement.

Connected House, Boulogne-Billancourt

This large house is located in the Boulogne-Billancourt area, just at the periphery of Paris, which has a substantial reputation in the field of modern architecture with buildings by such figures as Le Corbusier and Robert Mallet-Stevens. Jakob + MacFarlane relate their experimental design for this house to precisely these modern buildings in the neighborhood. Inspired by its location in the leafy suburban west of Paris, the house is conceptually based on natural tree systems, and can be seen as an experimental continuation of the work of the architects' prestigious predecessors.

With four levels above grade and a basement, the house has a center made of metal and glass, with a faceted envelope on top. A vertical circulation core in wood extends through all levels of the house, including a roof terrace. The architects intended this project to be a "tree house"—starting with the tree metaphor, which they apply to the successive layers of the design and to its branched tubular structure "designed as a three-dimensional matrix that becomes the exoskeleton, and also allows the reading of the different layers." Like the concentric rings of a tree, the house was planned around a central vertical circulation core that climbs five levels from basement to terrace. From this core, the major programmatic spaces of the house become the next ring, followed by the outer layer: the façade with its faceted outer skin or bark.

Geothermal systems provide heating and energy, and the house is resolutely connected in every sense of the contemporary term, both through home automation and integration with the urban network. A black metal fence around the property was preserved to accentuate the fundamentally homogeneous character of the avenue. Holm oak and evergreen white oak were planted at the edge of the plot to the north and south, along with a few other trees such as Scots pine and magnolia, emphasizing the integral and innovative aspect of this architectural design, which stands out while simultaneously taking a place of honor in its neighborhood.

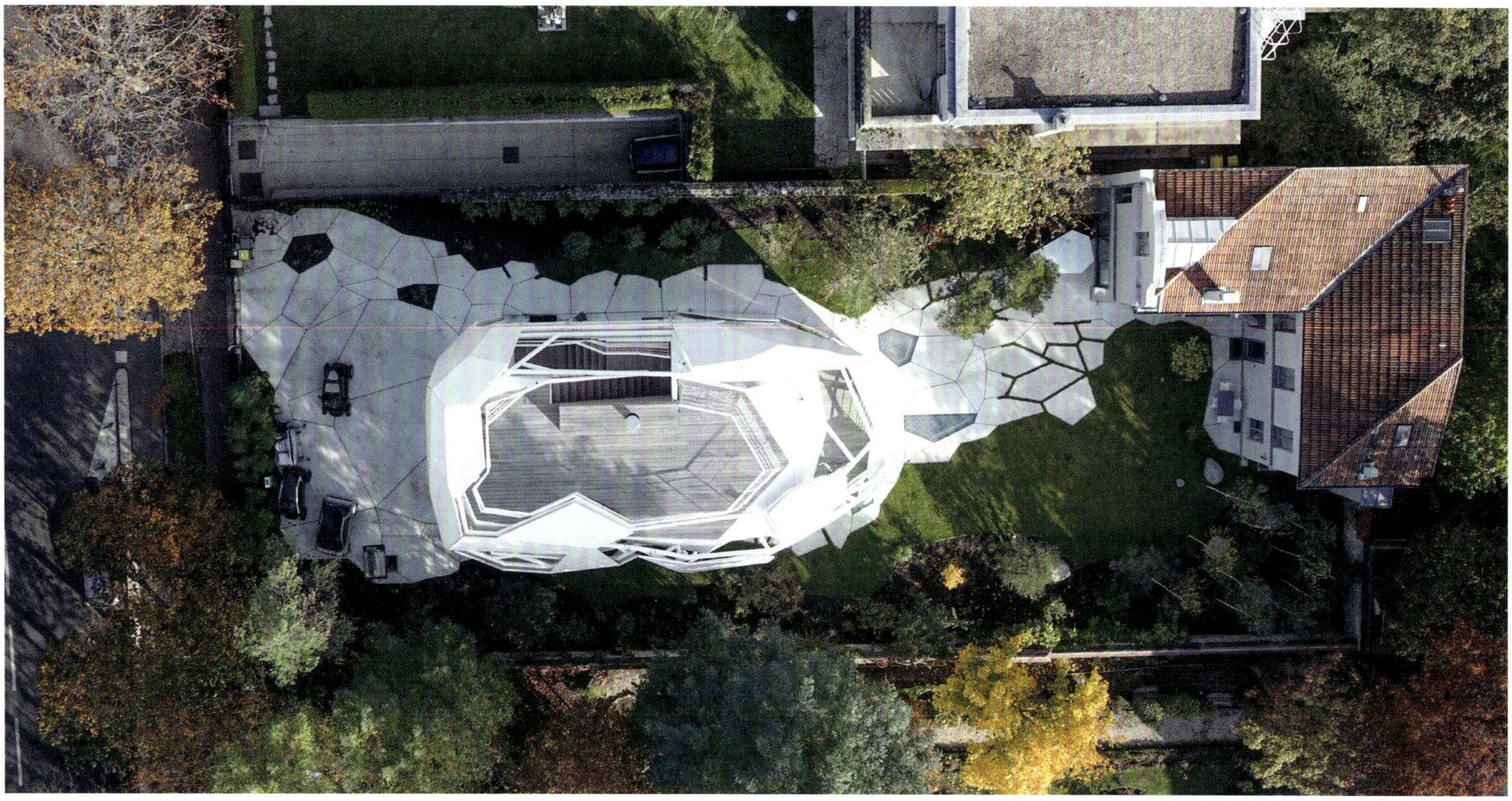

Dotée de nouvelles technologies domotiques, la Maison connectée a été pensée pour s'intégrer au site et à un bâtiment plus ancien qui a été conservé. Sa couleur blanche fait référence à l'architecture des années 1930 des villas voisines. La maison comprend un sous-sol éclairé par des puits de lumière dans le jardin.

The Connected House was conceived as being connected to its site as well as to an older conserved building. The name also refers to connected technologies. The white color was chosen as a reference to the early modernist architecture in the neighborhood. The house includes an area below grade, which is lit by light wells in the garden.

La façade doublée crée des espaces extérieurs couverts abritant des micro-jardins et des escaliers. La nuit, l'éclairage révèle une série d'« îlots paysagers » à différents niveaux du bâtiment.

The double façade creates covered exterior spaces with micro-gardens and stairways. Night lighting reveals a series of "island landscapes" at different levels of the building.

La piscine et la salle de sport en sous-sol reçoivent une lumière naturelle zénithale, qui souligne le contraste entre la rectitude et les aspects plus organiques du bâtiment. Le sous-sol accueille également une salle de projection. Au mur, *Wave #6*, œuvre de Lang/Baumann.

The underground lap pool and gymnasium feature natural top lighting, which creates a contrast between the rectilinear and more organic aspects of the design. There is also a home cinema in this below-grade area. The artwork on the wall is *Wave #6* by artists Lang/Baumann.

KITCHEN
NOMA

Un « arbre » en bois traverse la maison dans toute sa hauteur et accueille une cheminée, des bibliothèques, des aquariums et une cave à vins.

A wooden "tree" climbs up through all levels of the house, and contains a fireplace, bookcases, aquariums, and a space to store wine.

SAINT

Conservatoire Nadia et Lili Boulanger, Noisy-le-Sec

Ce conservatoire de danse et de musique, situé à Noisy-le-Sec, à moins de dix kilomètres du centre de Paris, est destiné à accueillir plus de 1 000 élèves. Il propose plusieurs salles de danse et de musique, des studios de répétition et de représentation, un espace consacré à la musique assistée par ordinateur et un auditorium de 195 places. Le concours appelait de ses vœux un geste architectural fort, capable d'associer symboliquement musique, danse et architecture au sein d'un équipement culturel majeur pour la ville.

En forme de « U », le bâtiment de quatre niveaux sur 3 195 mètres carrés, que les architectes comparent à un « instrument de musique étrange», évoque, par sa façade à facette vert vif, certains de leurs précédents projets. La convivialité et l'ouverture ont été mises à l'honneur, grâce à des lieux d'exposition et à de nombreux endroits où s'asseoir, à l'intérieur comme à l'extérieur d'un patio qui s'ouvre sur la rue. Un escalier, accessible à tous, dessert l'ensemble des niveaux du bâtiment et crée un lien avec la ville, un espace relié aux diverses installations culturelles environnantes grâce à ses voies d'accès piétonnes.

La géométrie du bâtiment résulte de la trame qui unit les deux disciplines du conservatoire : la danse et la musique. Ainsi, selon les architectes, « la nature de l'architecture se trouve liée aussi bien aux mouvements des danseurs qu'aux partitions musicales. Notre objectif est d'explorer et de compléter la relation entre ces deux disciplines artistiques, pour former, avec l'architecture, une relation triangulaire. »

Avec sa couleur et ses formes contemporaines, ce projet crée un effet dynamique, sans toutefois s'imposer auprès de ses usagers et de son environnement.

Conservatoire Nadia et Lili Boulanger, Noisy-le-Sec

Noisy-le-Sec is located less than 6 miles (10 km) from the center of Paris. The architects won the competition for this project—a music and dance academy—which will eventually accommodate more than one thousand students and includes several dance and music spaces, rooms for collective performances or rehearsals, practice studios, a space for computer-assisted music, and a 195-seat auditorium. The program called for an architectural response that could symbolically represent these objectives as an extension of the city's cultural spaces.

The 34,390-sq. ft. (3,195-m^2) U-shaped facility on four levels, which the architects compare to a "strange musical instrument," recalls some of their other works due to its faceted, bright green color scheme. Their intention is to bring together the arts of music, dance, and architecture. There is an emphasis on the social aspects of the project, including seating inside and outside a courtyard placed in relation to a street corner, and exhibition areas. An open, public staircase can be used to access all levels of the building and in effect creates a new shared urban space in the city. The public space is reclaimed by connecting the various surrounding cultural facilities using common ground that has been pedestrianized.

Its geometry is the result of a matrix that unites the two disciplines of the academy, namely dance and music. As the architects describe the project, "The nature of the architecture is related to the movements of the dancers and the musical scores. Our objective is to explore and complete the relationship between these two artistic disciplines, as if to form a triangular relationship with architecture."

This design retains a modest demeanor despite its resolutely contemporary angles and color. It creates a sensation of dynamism, while avoiding any sense that it seeks to impose itself on either its own users or the surrounding neighborhood.

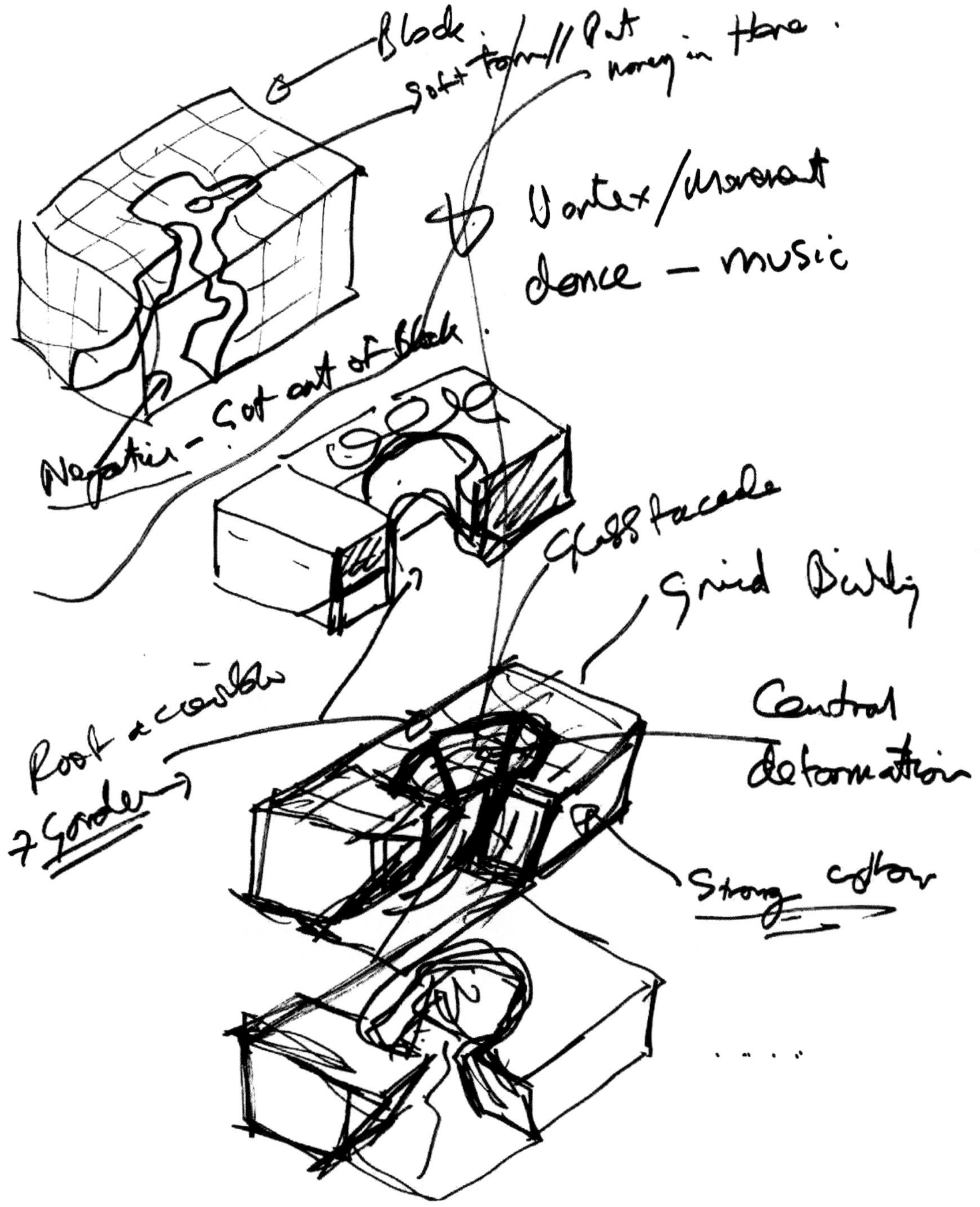
Block
Vortex / Movement
dance – music
Glass facade
Control deformation
Strong colour

Ces dessins et croquis soulignent la relation entre le projet et son contexte urbain. Une trame tridimensionnelle, utilisée comme un instrument de continuité géométrique, imprègne le projet, vu ici en plan et en coupe.

Sketches and drawings underscore the relationship of the project with its urban context. A three-dimensional matrix permeates the design in plan and in section, and is used as a device of geometric continuity.

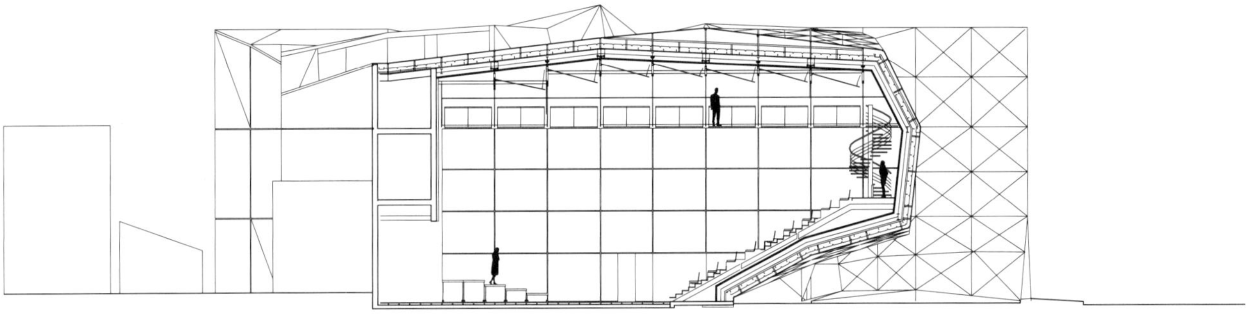

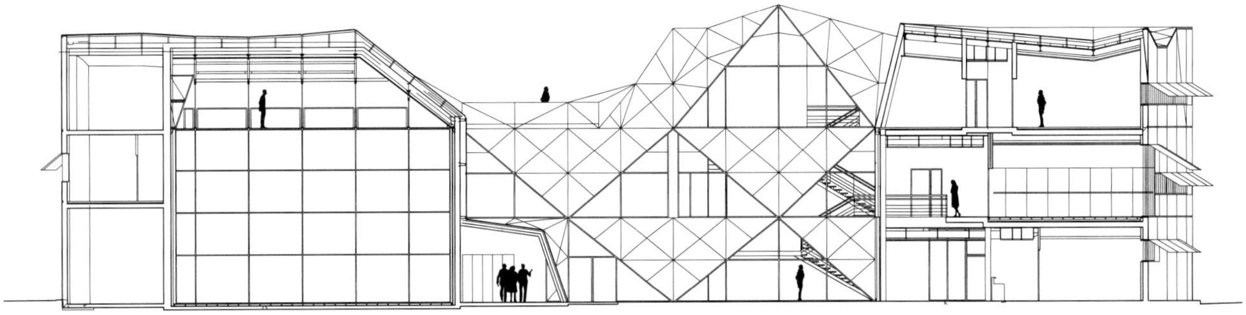

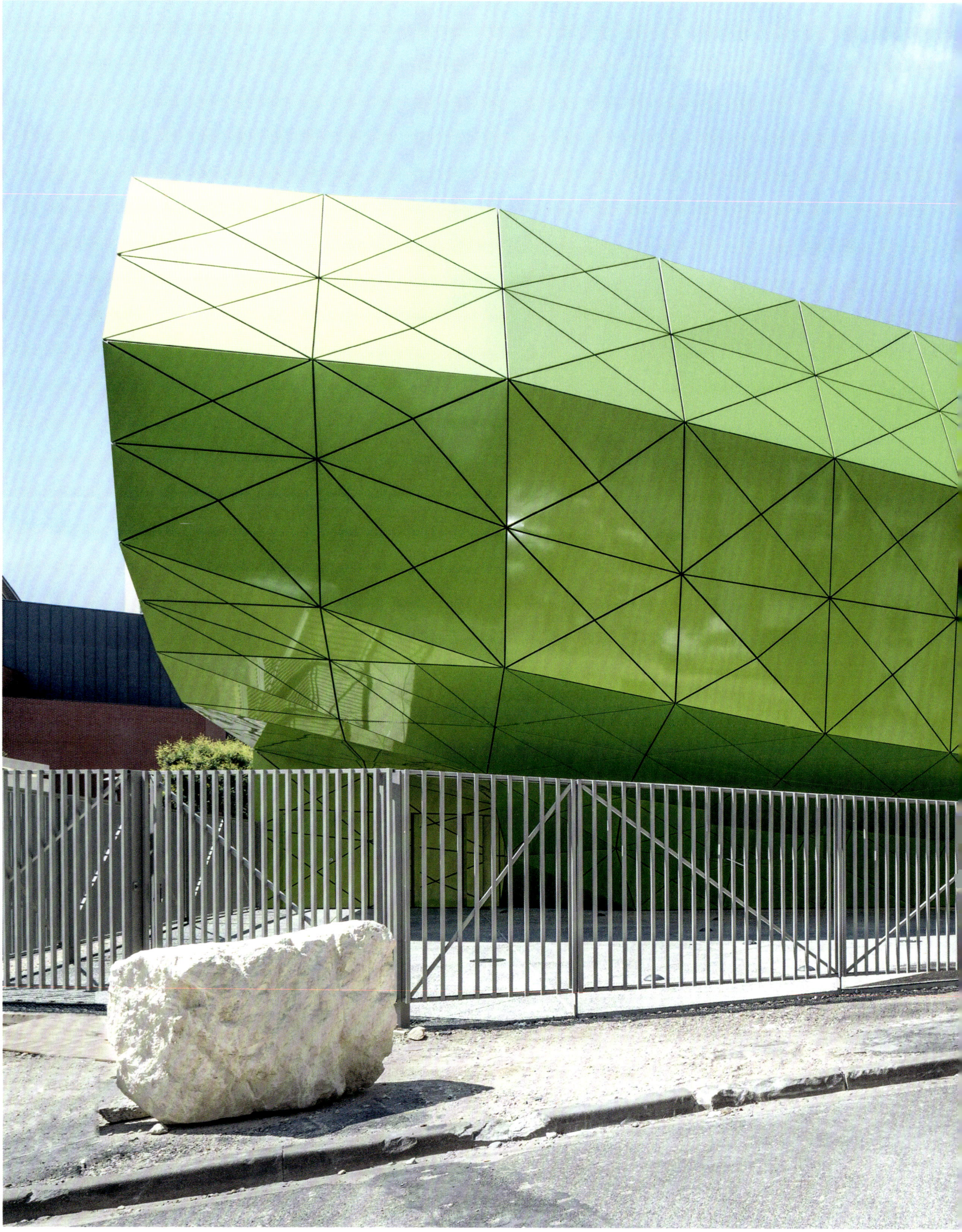

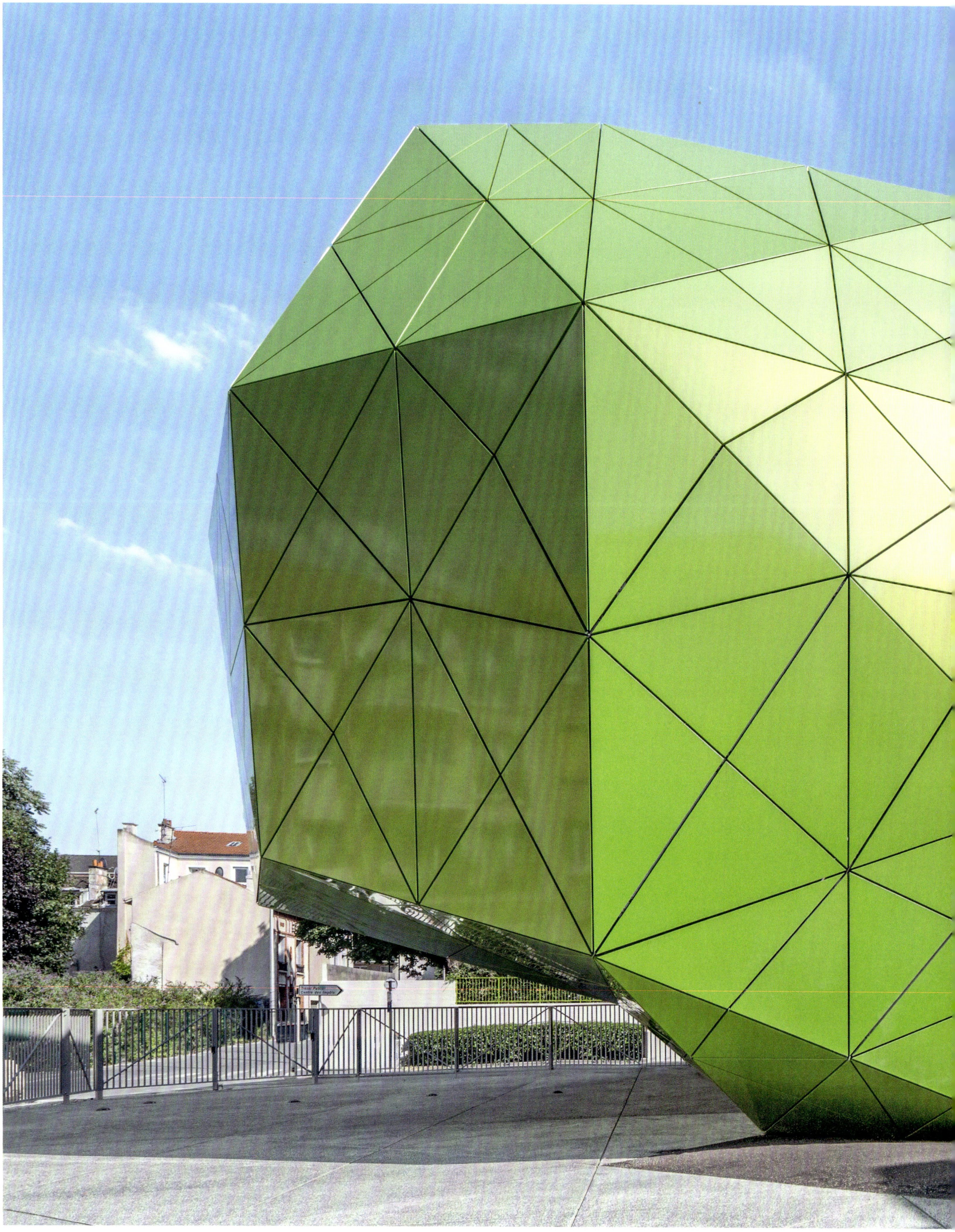

Ci-dessus : La trame visible à l'extérieur du bâtiment est inversée dans l'auditorium. Cette configuration permet différentes solutions acoustiques, obtenues en modifiant la position des panneaux intérieurs. L'auditorium a été pensé comme un espace technique suffisamment modulable pour obéir à diverses fonctionnalités.
Page de droite : Le toit-terrasse.

Above: The matrix structure visible on the exterior of the building is inverted inside the auditorium. This configuration provides for different acoustic solutions, obtained through the position and rotation of the interior panels. The auditorium was envisaged as a technical space that is adaptable enough to be used in various ways.
Facing page: The upper exterior terrace.

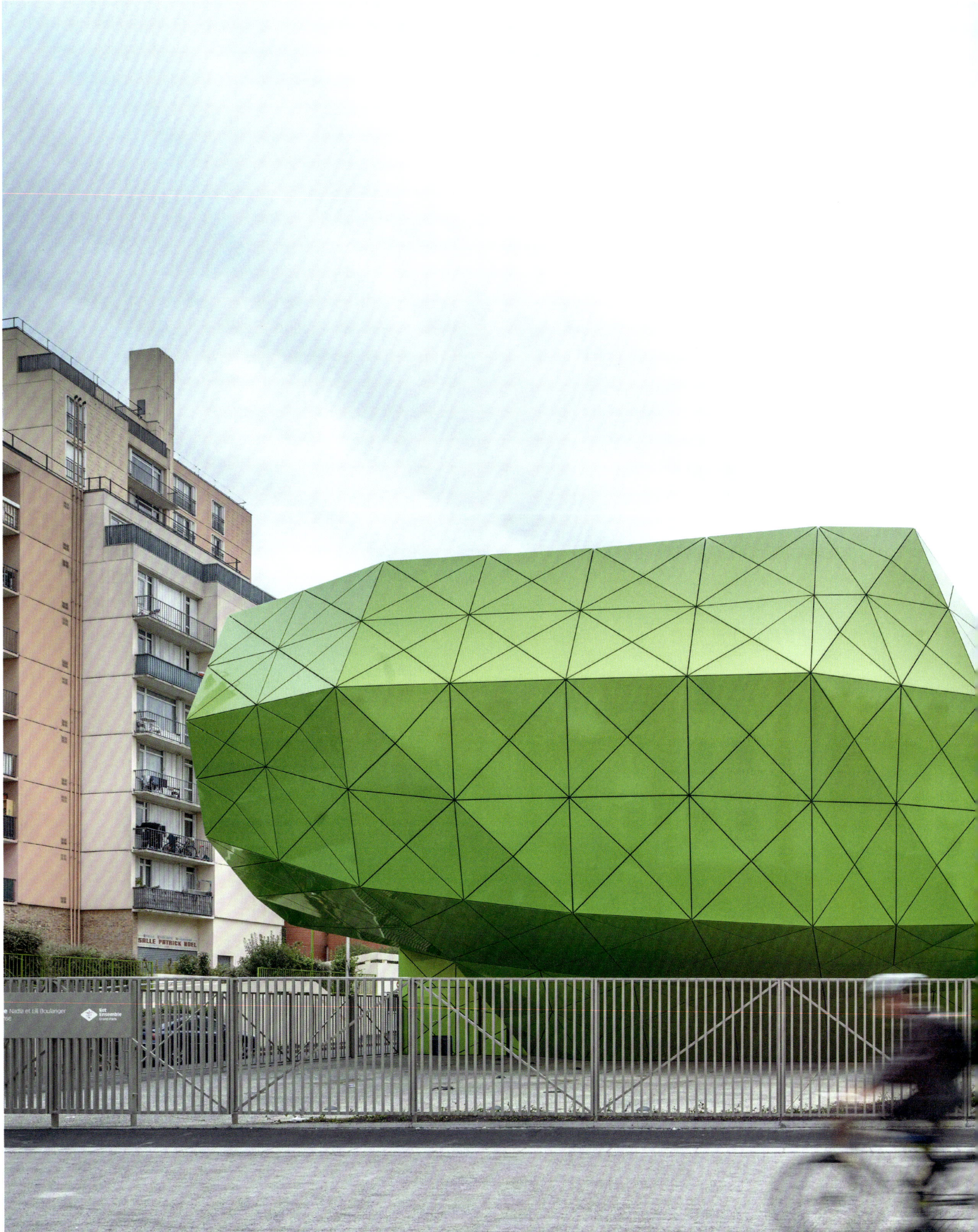
SALLE PATRICK NOEL
Nadia et Lili Boulanger
Est Ensemble
Grand Paris

HOTEL
HOTEL

HOTEL
HOTEL
BAR
RESTAURANT
HOTEL

Parfumerie Frédéric Malle, Paris

Cette parfumerie, située au rez-de-chaussée d'un immeuble du quartier parisien du Marais, a été imaginée sous la forme d'une boîte rectangulaire, dont l'un des côtés est constitué par la vitrine sur rue. Si le bois donne sa tonalité à l'ensemble, l'intérieur est recouvert de miroirs en inox poli. Frédéric Malle souhaitait créer un lieu propice à l'imagination et à l'évasion, qui puisse offrir au client le confort, le silence et le temps nécessaires au choix du parfum qui l'accompagnera toute sa vie. Dominique Jakob et Brendan MacFarlane ont imaginé « des modules découpés comme autant d'îles mystérieuses et de stalactites, tantôt étagères, tantôt armoires réfrigérantes, tables ou encore colonnes à sentir, où les flacons de parfum deviennent points de repère et expériences sensorielles ».

Le projet s'appuie sur une trame en trois dimensions. La nature réfléchissante des surfaces produit l'impression d'une succession infinie d'espaces virtuels offerts au visiteur, jalonnés de strates de bois. La mise en lumière, signée par les équipes de L'Observatoire international, joue un rôle essentiel dans la réalisation : chaque flacon est mis en valeur par un éclairage issu d'une série d'entailles dans les murs et le plafond. Une lumière directe vient du plafond équipé de spots, tandis que les étagères bénéficient d'un éclairage diffus, à travers des panneaux opalescents.

Pour chacune de ses boutiques, Frédéric Malle a à cœur de travailler avec des architectes « choisis avec soin et dont [il] admire l'œuvre, avec l'ambition d'une collaboration artistique totale, dans laquelle deux univers peuvent se répondre et s'entrelacer ». Le parfumeur, qui a créé en 2000 les Éditions de parfums Frédéric Malle, avoue ainsi avoir été particulièrement séduit par le restaurant Georges du Centre Pompidou et par la librairie Florence Loewy, également dans le Marais.

Frédéric Malle Perfume Boutique, Paris

Located in the Marais district of Paris, this store was conceived as a rectangular box set on the ground floor of a building, with one side fully taken up by a window. Wood was used for the interior frame, and the inner surfaces covered with stainless-steel mirrors. Frédéric Malle asked the architects for a space that would allow each client to find themselves in a place of imagination and escape—a place conducive to comfort, silence, and taking the time to choose a perfume that can last a lifetime. As the architects explain, "Cut-out modules create a series of mysterious islands and stalactites, sometimes shelves, sometimes refrigerators, tables, or columns for testing fragrances. The bottles of perfume become a multitude of landmarks and sensory explorations."

The basis of the design was a three-dimensional grid. The reflective nature of the surfaces produces the impression of infinite successions of virtual spaces offered to the visitor, interspersed with layers of raw wood. Light plays an essential role in the realization. The lighting that illuminates each perfume bottle, which comes from a series of notches in the walls and ceiling, was designed by L'Observatoire International. For the shelves, the light source is located behind opalescent panels creating a diffused effect, while the ceiling provides direct spot lighting.

Frédéric Malle created his firm Editions de Parfums Frédéric Malle in 2000. He emphasizes that for each of his new boutiques he partners with architects "who I have carefully chosen and whose work I admire, with the ambition of achieving a total artistic collaboration, in which our worlds respond to each other and intertwine." Malle expressed particular admiration for the Georges Restaurant at the Centre Pompidou and the Florence Loewy bookstore, also located in the Marais.

EDITIONS DE PARFUMS
FREDERIC MALLE

La structure pensée par les architectes allie d'amples rayonnages pour l'exposition des flacons de parfum à de nombreuses possibilités de mise en lumière avec rétroéclairage par-derrière ou par-dessous. L'enveloppe en acier inoxydable crée un effet miroir, dans une sorte de mise en abyme qui démultiplie l'espace de la boutique.

The structures designed by the architects offer ample display shelves for perfume bottles, as well as generating numerous lighting possibilities from behind and below. A stainless-steel envelope echoes the forms of the perfume boutique in a kind of infinite system that increases the space of the boutique.

EDITIONS DE PARFUMS
FREDERIC MALLE
GUERLAIN

Fondation d'entreprise Ricard, Paris

Fondée à Paris en 1998 par le célèbre fabricant de pastis, la fondation d'entreprise Ricard se consacre à la promotion de la jeune création française, tant au niveau national qu'au niveau international. Sans collection propre, elle s'est imposée grâce aux expositions qu'elle propose.

Jakob + MacFarlane a été sollicité afin de repenser l'aménagement intérieur des espaces d'exposition, situés entre la rue Royale et la rue Boissy-d'Anglas, près de la place de la Concorde. Pour cela, les architectes ont tout d'abord décidé de créer un nouveau parcours à l'intérieur du volume, afin de gagner en lisibilité, en luminosité et en cohérence. Un nouvel accès a été aménagé ainsi qu'un bar, qui clôt les espaces d'exposition.

Pour exposer les œuvres, des parois ont été spécialement conçues, indépendantes des murs, et le plafond a été laissé nu, permettant ainsi d'offrir un volume totalement libéré. Les éléments techniques de cet espace de 400 mètres carrés ont été dissimulés derrière les cimaises pour obtenir une plus grande liberté d'exposition.

Le bar, par son emplacement et sa forme en cavité, marque une pause colorée et intime dans la séquence des espaces offerts aux visiteurs. Les architectes l'ont conçu selon un système dans lequel « une grille orthogonale, légèrement décollée du sol, se forme à intervalles réguliers au travers des murs et des plafonds, dont elle redéfinit les contours. Se dessine alors la structure d'un paysage irrégulier et mouvant, dans une tonalité jaune or ». Par ses formes incurvées, cette nouvelle grille assouplit la rigidité de la structure d'origine et la rend plus accessible.

Fondation d'Entreprise Ricard, Paris

Since its opening in Paris in 1998, the Fondation d'Entreprise Ricard has been actively involved in the development of French contemporary art at national and international levels. With no collection of its own, the foundation—created by the famous producer of pastis—has quite literally been formed by its exhibitions and other activities.

The foundation called on the architects to redesign existing spaces between Rue Royale and Rue Boissy d'Anglas, near Place de la Concorde. The architects decided at first to create a new path within the volume. The new space is more legible, brighter, and better framed in relation to the views. They designed a new entrance on the street and a bar that follows the exhibition spaces.

New walls for the exhibition galleries, detached from the existing surfaces, are brought together by wood flooring. A cavity between the picture rails and walls, as well as a technical ceiling left visible, allow the volume to be completely freed. This system provides a considerable degree of flexibility to display the works. The technical elements for exhibiting art in the 4,305-sq. ft. (400-m^2) space are hidden between the new walls and the old ones, allowing for different presentations.

The bar, with its placement and cavity shape, marks a colorful and intimate break in the sequence of visitor spaces. As the architects describe the system, "Slightly detached from the ground, an orthogonal grid is formed at regular intervals on the walls and ceilings, redefining their contours. It extrudes itself to form the structure of an irregular curved landscape in a golden yellow tonality." The curving forms of the new grid relate the existing structure to the new, making rigid forms supple and easy to use.

Dix-7 en
Zéro-7

DÉRIVE

Les murs blancs continus offrent l'espace pour différents usages, au-delà même de ceux qui étaient envisagés au départ. Le plafond, aux éléments techniques apparents, a été conservé et crée une rupture avec l'espace d'exposition. Sa couleur grise monochrome contraste avec la tonalité du parquet.

Continuous white walls provide space for various technical needs, even beyond those originally envisaged. The ceiling was seen as a conserved pre-existing element. The space of the gallery is thus disconnected from the more technical ceiling. The ceilings are painted in a monochromatic gray, which contrasts with the wood flooring.

Les commissaires et artistes choisis par la Fondation pour les expositions s'approprient les espaces dans des scénographies chaque fois très différentes.
Pages suivantes : Le bar en fin de parcours constitue un espace d'échanges à l'ambiance conviviale.

The various curators and artists selected by the Foundation adapt the spaces to their own design, in a way that on each occasion is entirely different.
Pages 232–233: The bar, at the end of the exhibition route, provides a relaxed and pleasant environment where people can meet.

Monument à la Mémoire et à la Paix, Val-de-Reuil

Val-de-Reuil, ville normande de 15 000 habitants, accueille près de 50 nationalités différentes – souvent des personnes venues trouver un asile loin des conflits qui déchirent leur pays. Parce qu'elle voulait construire un monument dédié « à la mémoire et à la paix », la ville a donné à Jakob + MacFarlane associé à Catherine Mosbach et Franck Vialet l'occasion de réfléchir à la façon de créer un monument consacré à des concepts intangibles. Fruit de sa réflexion, ce projet de 3 500 mètres carrés, réduit à l'essentiel, « élimine tout ce qui pourrait être interprété comme un excédent et tente de mettre l'accent sur le ressenti plutôt que sur le visuel ». Ce monument est un espace de vie capable d'accueillir jusqu'à 400 personnes, qui peuvent venir s'asseoir sur ses pentes douces pour écouter de la musique ou assister à une lecture. « Nous n'avons pas créé un programme particulier destiné à une expérience individuelle, affirment les architectes, mais un espace susceptible d'être adopté et interprété de plusieurs manières différentes. On nous a souvent demandé : "Pourquoi une géométrie si simple ?" Nous répondons toujours que nous voulions rester dans des gestes formels aussi simples que possible et raisonnablement neutres, afin de révéler soit des qualités qui peuvent être interprétées différemment par chaque personne, soit celles que le site possède déjà : le son des pas lorsque l'on descend la rampe le long du mur ou le mouvement du vent qui traverse le pré. »

Cette conception architecturale soutenue par l'Unesco invite avant tout à la réflexion. Le mémorial est parrainé par 80 personnalités, notamment Elie Wiesel, dont les mots sont gravés sur le mur : « Bouclier contre la laideur de la haine et l'absurdité de la guerre, la mémoire seule permet aux hommes d'espérer. »

Memory and Peace Memorial, Val-de-Reuil

Val-de-Reuil is a town in Normandy, with a population of about fifteen thousand people, made up of nearly fifty different nationalities—often those who have fled conflicts in their own countries. The town's brief for a monument to remembrance and peace gave the architects, associated with Catherine Mosbach and Franck Vialet, an opportunity to reflect on how to design a memorial to intangible concepts. They opted for a 37,675-sq. ft. (3,500-m²) design that retains only the absolutely essential and "eliminates anything that could be interpreted as surplus, in order to place the emphasis on what one feels in this place, more than what one sees." The inner portion of the monument was conceived as a space for up to four hundred people, who can be seated on its gently sloping steps in order to listen to music or a reading, for example. The architects state, "We did not create a particular program for the individual experience, but instead a space that can be appropriated and interpreted in many different ways. We have often been asked, 'Why the simple geometry?' Our response has always been that we wanted to stay within formal moves that were as simple as possible and reasonably neutral, in order to reveal qualities that the site already possessed or that can be interpreted by an individual, such as the sound of one's steps descending the ramp beside the wall or the movement of the wind across the field."

More than a work of architecture, this is a design sponsored by UNESCO and intended for reflection and thought. The memorial has eighty patrons in the intellectual sense of the term. One of these is Elie Wiesel, whose words are engraved on the wall: "Shield against the ugliness of hatred and the absurdity of war, memory alone gives men hope."

Les terrasses à degrés donnent sur des champs de maïs. Couvertes d'herbe, elles entrent en cohérence avec les champs et la forêt toute proche. Ci-dessous : Ces plans montrent la conception en chevron du site et sa position à proximité d'un rond-point.

The stepped terraces look out onto cornfields. Covered with grass, the terraces blend with the fields and the nearby forest. Below: Plans show the chevron pattern of the design while an overall site plan shows the proximity of the installation to a roundabout.

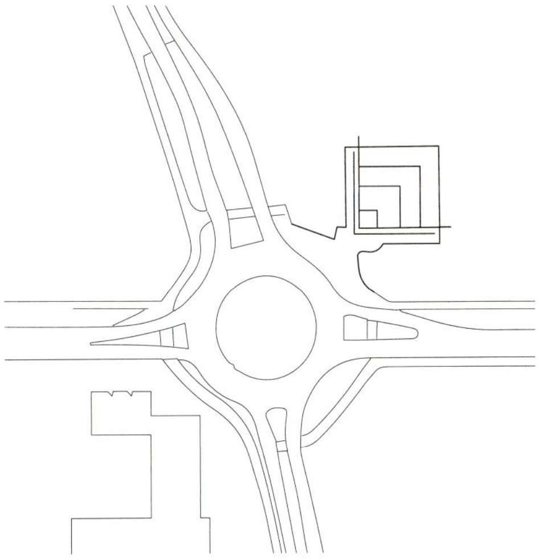

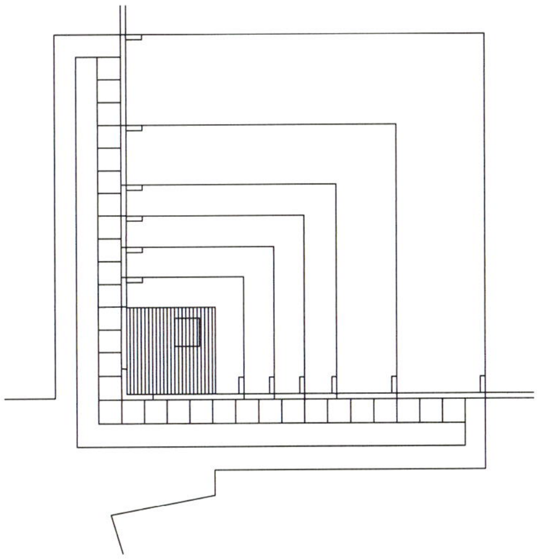

Les visiteurs accèdent à l'espace en contrebas par des rampes en pente douce longeant des murs de béton. L'agitation urbaine se dissipe peu à peu pour laisser place au silence et au recueillement auxquels invite ce lieu d'apaisement. À l'intérieur du monument s'ouvre le ciel infini de Normandie.

Visitors descend to the space below grade on ramps that are situated between concrete walls, generating an atmosphere of silence and reflection. As they descend, visitors are progressively and gently extracted from the urban atmosphere to discover a truly calm space. The interior space of the monument opens out onto the infinite sky of Normandy.

Lycée
Parc des Sports
CÉDEZ LE
PASSAGE

DAS GESETZ und seine
visuellen Folgen
LA LOI et ses
conséquences visuelles

Centre culturel suisse, Paris

Dans le cadre de la réhabilitation d'une partie du Centre culturel suisse, situé rue des Francs-Bourgeois dans le quartier parisien du Marais, les architectes ont repensé l'espace librairie, jusqu'alors sous-utilisé, « comme une immense matrice en 3D, creusée et découpée comme un bloc de glace, révélant tout un système d'étagères, de postes de travail et d'espaces d'affichage ». Les rayonnages en contreplaqué, aux profondeurs variées, évoquent « des nids d'abeilles stylisés ou des formes très abstraites de cristaux ». Les étagères, d'une contenance d'environ 400 livres, sont installées 5 centimètres en retrait du mur et éclairées par des rangées de LED invisibles qui soulignent cette séparation entre bâtiment d'origine et éléments ajoutés. L'objectif était d'alléger l'espace, de le rendre plus accueillant et d'en accentuer l'ouverture, notamment en retranchant tous les éléments superflus. À la différence d'autres projets réalisés par Jakob + MacFarlane, les couleurs vives sont ici mises de côté : le blanc est omniprésent, évocation des paysages enneigés de la Suisse. Des murs aux étagères en passant par les tables, il marque une forte continuité architecturale et conceptuelle. L'ensemble forme un espace artistique qui invite les visiteurs à se détendre autour d'un café, à lire la presse suisse ou à parcourir les rayonnages à la recherche d'un livre.

Le projet concernait également la refonte des espaces de bureaux, comprenant une bibliothèque et une salle de réunion, ainsi qu'une autre pièce sur mezzanine accueillant cinq collaborateurs. Pour ces éléments, le parti pris esthétique est le même que celui adopté pour la librairie : des murs blancs et un sol en résine synthétique grise. Ainsi, par l'utilisation d'une trame qu'ils ont étirée, les architectes sont parvenus à faire entrer la modernité dans un bâtiment ancien du cœur de Paris.

Centre Culturel Suisse, Paris

The architects rebuilt part of the Centre Culturel Suisse (Swiss Cultural Center) on Rue des Francs-Bourgeois, in the Marais district of Paris. The formerly underused bookstore space was "conceived as a huge 3D matrix, dug out and cut like a block of ice, in order to reveal a system of shelves, workstations, and display spaces." Plywood shelves have varying depths, evoking "stylized honeycombs or very abstract crystals." The shelving for about four hundred books contains invisible LED lighting strips and sits 2 in. (5 cm) from the wall, emphasizing the distinction between the existing building and the added elements. The intention of the architects was to lighten the space and to make it more welcoming, in particular by removing all unnecessary features. Unlike some of Jakob + MacFarlane's other projects, here bright colors have been set aside in favor of white. The uniform presence of white—running from the walls to the shelves and tables—brings to mind the snowy landscapes of Switzerland, while simultaneously imposing a high degree of architectural and design continuity. The result is an art space where visitors can relax, read the Swiss press, browse, or buy books and a coffee.

The project also included the redesign of offices, including a library and meeting room, and a second room on the mezzanine for five administrative employees. The basic vocabulary for these spaces is the same as that of the bookstore, emphasizing white walls and a gray synthetic resin floor. The architects make use of an added—albeit somewhat deformed—grid, bringing a modern feeling into an old building in the heart of the French capital.

TIRU
SMACKS
SMACKS
szeemann
BLOOM
FACES
INSIDE

Helvetica
forever
ANTICIPER.
criss + cross
ERIC CLAPTON

Les étagères sont disposées en retrait du mur pour créer un léger vide. La structure a été conçue en contreplaqué sombre, dont les surfaces supérieures et inférieures sont peintes en blanc. La disposition des rayonnages et la mise en lumière créent une atmosphère animée et permet un agencement attractif des livres.

The shelf design is drawn away from the walls to create a slight void. The structure was built in black plywood with top and bottom surfaces painted white. The disposition of the shelves and the lighting creates a lively atmosphere where books are displayed in an agreeable manner.

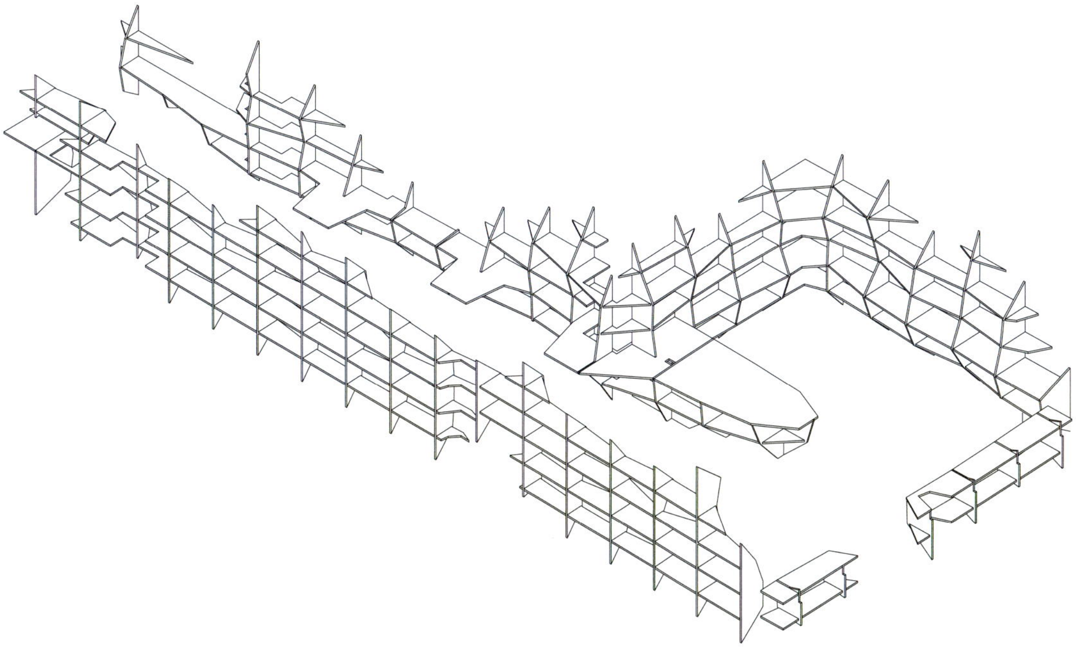

Centre Meary, hôpital Saint-Louis, université Paris-Diderot, Paris

En 2016, Jakob + MacFarlane a remporté un concours visant à construire un centre de formation et de recherche en hémato-oncologie rattaché à l'hôpital Saint-Louis. Situé dans le Xe arrondissement de Paris, cet hôpital a été fondé en 1607 par Henri IV. Ses bâtiments classés aux monuments historiques sont aujourd'hui réservés principalement aux fonctions administratives, de nouveaux bâtiments ayant été construits dans les années 1980.

Cofinancé par l'université Paris-Diderot, l'Assistance publique – Hôpitaux de Paris et la ville de Paris, le centre Meary s'étend sur 2 700 mètres carrés et accueille environ 200 personnes, chercheurs, ingénieurs de santé et étudiants doctorants et post-doctorants.

Construit au-dessus d'un parking, sur le site d'une ancienne structure démolie, le bâtiment est doté d'un toit plat végétalisé et de façades en inox parcourues de végétation, en référence aux jardins historiques de l'hôpital. Les volumes du bâtiment semblent ainsi comme recouverts d'un voile, conférant à l'ensemble un aspect délibérément minimaliste. Par ses laboratoires à l'ergonomie et à la fonctionnalité exceptionnelles, par ses espaces modulables, le centre Meary se distingue par sa souplesse et son évolutivité, tout en respectant les contraintes environnementales les plus exigeantes. Ce bâtiment a d'ailleurs reçu en 2018 le Green Good Design Award du Chicago Athenaeum Museum of Architecture and Design.

Centre Meary, Hôpital Saint-Louis, Université Paris-Diderot, Paris

Jakob + MacFarlane won a 2016 competition for the design of a center for training and research in hemato-oncology, on the site of the public Hôpital Saint-Louis in the 10th arrondissement of Paris. Founded in 1607 by King Henry IV, the hospital uses its historic listed buildings for mostly administrative purposes and began adding new buildings in the 1980s.

Jointly sponsored by the Université Paris-Diderot, the public hospital authority (Assistance Publique–Hôpitaux de Paris), and the City of Paris, the 29,060-sq. ft. (2,700-m^2) Centre Meary accommodates about two hundred people, including researchers, healthcare engineers, and doctoral or post-doctoral students.

It was built over an existing parking platform on the site of a demolished structure, with a green roof and strips of greenery on its stainless-steel façade, conceived as a continuation of the historical gardens of the hospital. The majority of the façades and the flat roof are planted in a manner reminiscent of a curtain that wraps around the volumes, generating a deliberately minimalist appearance. The design allows for a flexible and evolutionary building with high levels of functionality and ergonomics for the laboratories and modular spaces. The building was carefully designed according to the highest environmental standards and received a 2018 Green Good Design Award from the Chicago Athenaeum Museum of Architecture and Design.

Ces croquis et ce plan des architectes montrent la réflexion qui a guidé la conception d'une peau végétale qui, depuis les jardins historiques, s'étire pour former le bâtiment lui-même. Grâce à ce concept, la nouvelle construction est reliée de manière esthétique aux bâtiments historiques qui l'entourent.

The architects' conceptual drawings imagine a vegetal skin that grows up from the old existing garden to form the building itself. This concept allows the new research unit to relate in an aesthetically pleasing way to the surrounding historic buildings.

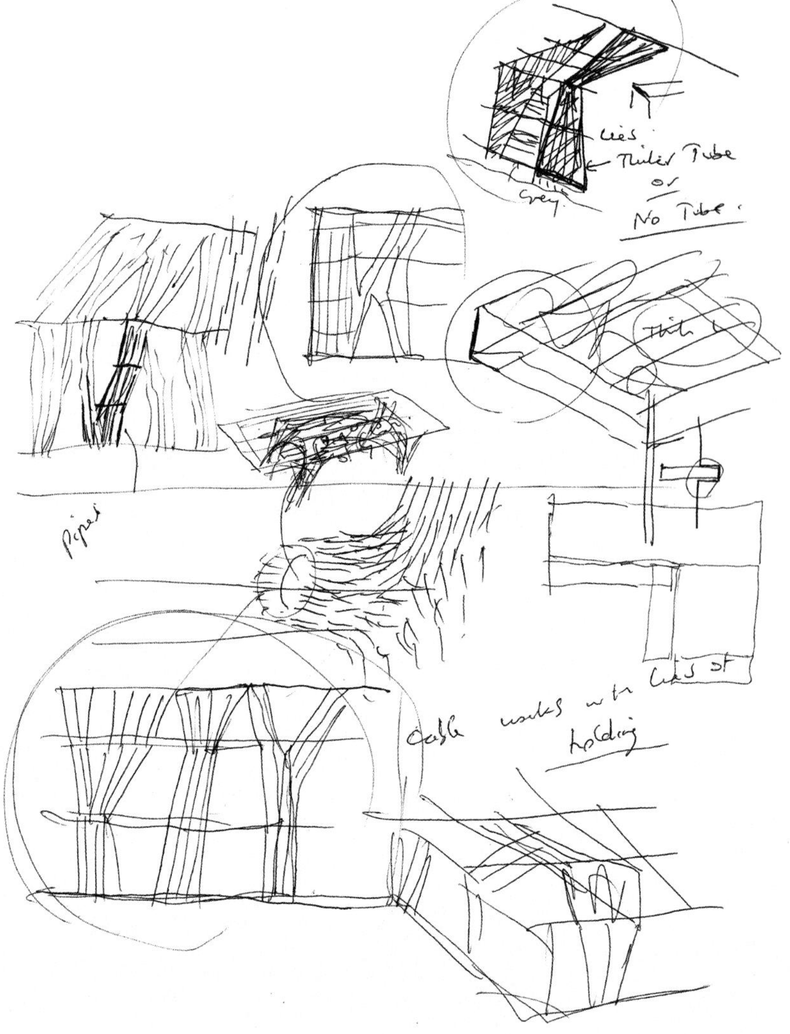

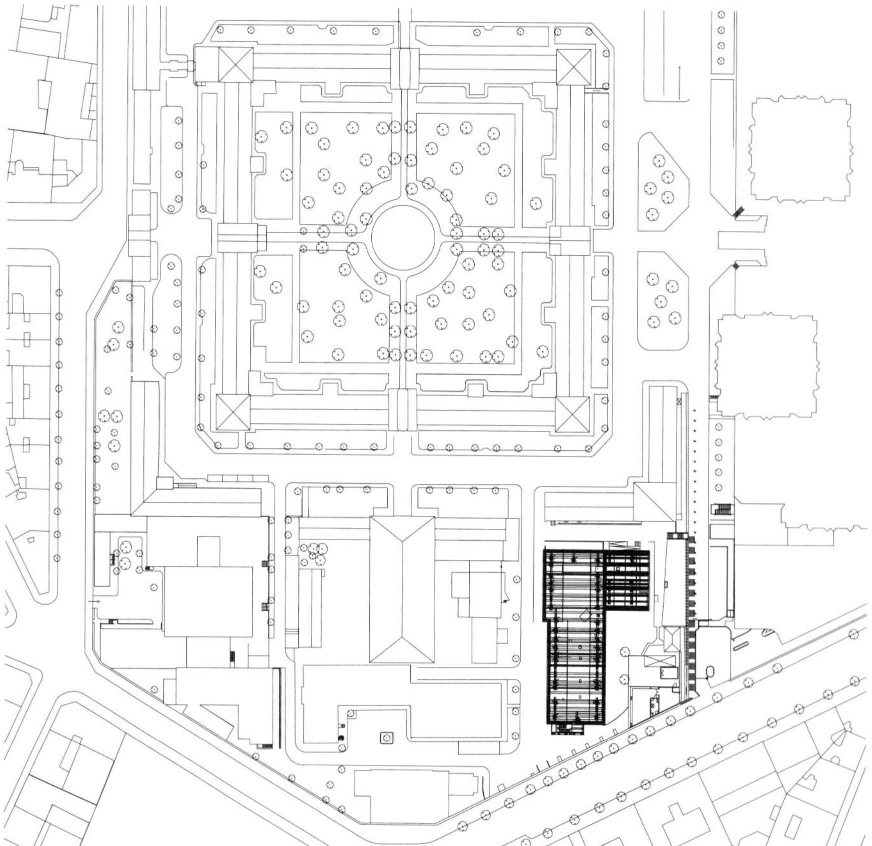

Hall de la tour Coupole, Paris-La Défense

Jakob + MacFarlane a eu pour mission de repenser l'aménagement du hall de la tour Coupole, conçue à la fin des années 1970 par WZMH Architects et Roger Saubot dans le quartier de La Défense à Paris. Comme souvent, les architectes ont tiré leur inspiration du bâtiment lui-même. Leur objectif était de « composer une nouvelle histoire à partir de l'ancienne ; de trouver une nouvelle fluidité, une nouvelle flexibilité et une nouvelle humanité au sein d'un système existant ». Ainsi ont-ils imaginé des extrusions géométriques, dans le prolongement des éléments polygonaux constituant le plafond du hall d'origine. Cette géométrie triangulaire en se rejoignant au niveau du hall crée une onde géante, qui englobe à la fois l'immense mezzanine en bois et la nouvelle entrée en forme de cristal de la tour. Les architectes se sont assurés, grâce à la conception paramétrique, d'une plus grande fluidité des nouveaux volumes. Le plafond permet de diffuser un éclairage et des effets sonores, et, dans le hall, un mur de LED crée un paysage lumineux changeant. La mezzanine, conçue pour accueillir expositions et événements, et le café attenant sont desservis par un escalier en inox qui les relient au rez-de-chaussée.

Seuls éléments extérieurs de ce programme de 3 000 mètres carrés, l'entrée et sa canopée de verre font le lien avec le paysage urbain. Le mobilier, quant à lui, a été pensé par les architectes pour être en parfaite cohérence avec la forme cristalline du volume intérieur. Autre particularité du projet, des emmarchements en gradins dans l'épaisseur du sol offrent aux visiteurs un lieu accueillant au cœur de ce vaste hall, aéré et lumineux.

Entrance Lobby of the Coupole Tower, Paris-La Défense

The architects were called on to renovate the lobby area of the late-1970s Coupole tower in the La Défense area, originally designed by WZMH Architects and Roger Saubot. As ever, Jakob + MacFarlane sought their source of inspiration in the building itself. Their goal was to "illustrate a new story as an extension to the initial one; to find a new fluidity, a new flexibility, and a new humanity within an existing system." They imagined geometric extrusions extending down from the original "crystal" frame above the existing atrium. These extrusions come together at the level of the reception area to create a vast wave at ceiling level. This generates a huge wooden mezzanine and the new "crystal" entrance to the tower. Employing parametric design to ensure that the new volumes would become more fluid while still retaining their basic point of origin, they simultaneously ensured that the added elements would serve a number of functions, such as lighting and sound effects projected from the new ceiling. An LED wall in the atrium creates a changing light landscape. Extending this idea further, their mezzanine space is intended for exhibitions and events, and features an adjoining café. A stainless-steel staircase connects the upper mezzanine to the ground floor.

The only exterior element of the 32,290-sq. ft. (3,000-m^2) project is the entrance with a glass canopy, which forms a direct link with the outside urban landscape. The architects also designed the furniture, which they chose to create in total formal coherence with the crystalline forms. The architectural project integrates a seating area that is formed in the ground, taking over existing space to offer visitors a place to socialize and rest in a vast, airy, luminous hall.

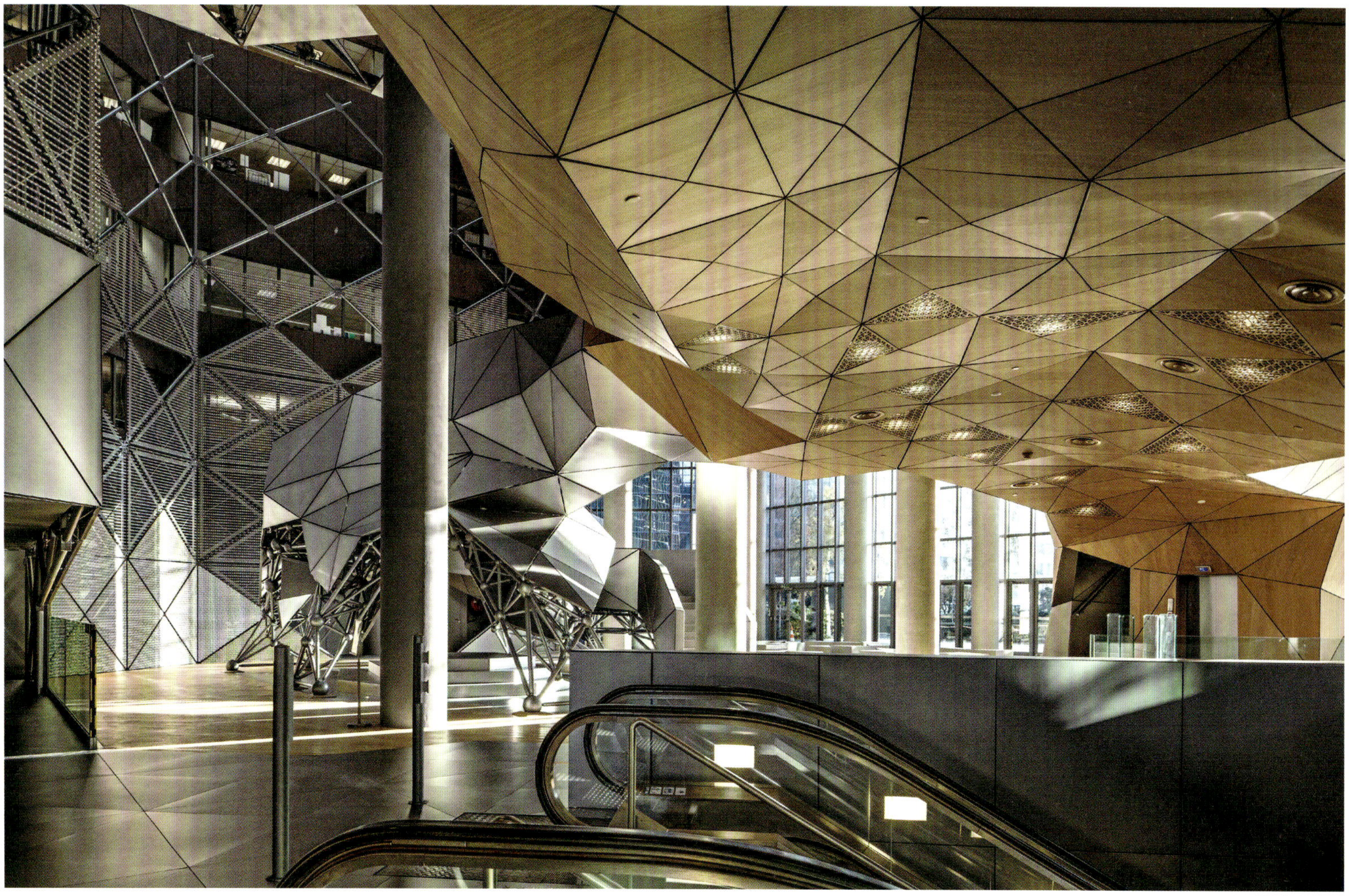

Vue du hall d'accueil et de son remarquable plafond aux aériennes structures en bois. Les sièges sont également signés Jakob + MacFarlane. Un contraste chromatique se crée entre les surfaces en bois et le gris des sièges et des poteaux.

Views of the entry spaces are marked by the underside of the floating wood ceiling structure. The seating design was also the work of Jakob + MacFarlane. The wooden surfaces are contrasted with the gray of the seating and of the columns.

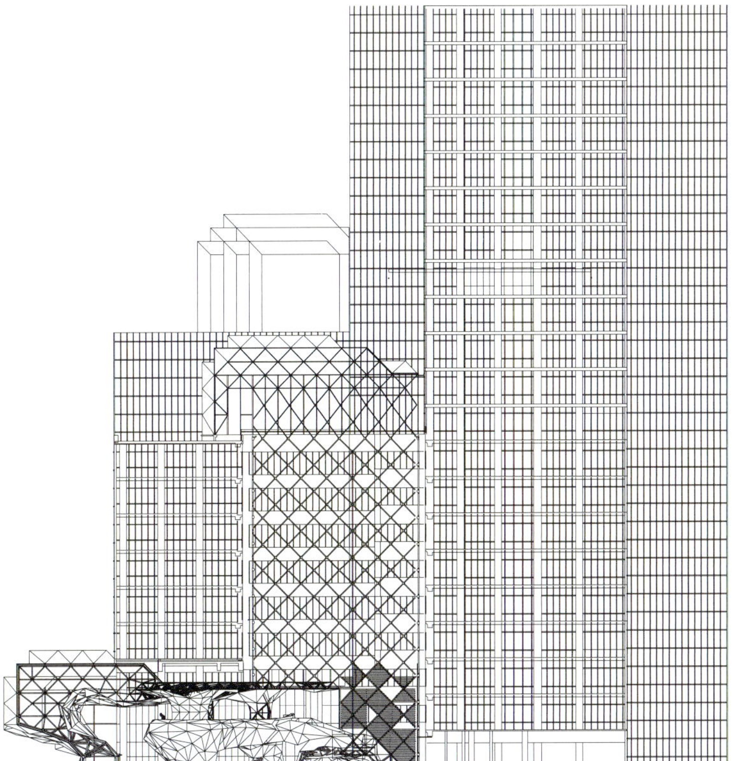

Centre de communication Renault, Boulogne-Billancourt

À la demande de Renault, Jakob + MacFarlane a été chargé de penser le réaménagement d'une partie de ses installations industrielles situées à Boulogne-Billancourt. Une ancienne usine automobile de 13 000 mètres carrés, conçue par l'architecte Claude Vasconi au début des années 1980, devait être ainsi reconvertie en une structure dédiée à la communication, avec espaces d'exposition, de conférence, de bureaux et de réflexion collective. Pour cela, les architectes ont « choisi de créer un projet entièrement nouveau, tout en dialoguant avec l'existant. L'aspect le plus remarquable du bâtiment d'origine – la géométrie du toit en dents de scie ou « sheds » qui rappelle, en coupe, le logo de Renault –, a inspiré, à partir du toit, un ensemble de plans inclinés extrudés. »

Poteaux et poutres en béton de l'ancienne structure ont servi à définir les volumes utilisés pour insérer de nouveaux espaces sous les *sheds* allant de 6 à 12 mètres de hauteur. Trois passages, semblables à des rues, ont été créés dans l'axe nord-sud et une verrière ajoutée afin de réunir deux éléments du complexe, créant par la même occasion un nouvel accès.

Signes de la nouvelle vocation de l'ancienne usine, des murs-cimaises blancs conçus à partir de panneaux d'aluminium en nid-d'abeilles empruntés à l'aéronautique ont été positionnés dans un alignement est-ouest. Des parois en bois, orientées selon un axe nord-sud, complètent l'aménagement de ces espaces.
La structure en acier d'origine et ses plafonds ont été restaurés, pour souligner la coexistence de l'ancien et du nouveau. Au premier étage, une passerelle suspendue relie les différents éléments du programme, qui comprend trois amphithéâtres pouvant accueillir respectivement 100, 300 et 500 personnes, trois salles de réunion, une salle de presse, quatre grands espaces de travail partagé, ainsi qu'un parking.

Renault Communication Center, Boulogne-Billancourt

For this project, the architects were commissioned to renovate and repurpose part of the Renault manufacturing facilities located just outside Paris. This former automobile factory designed in the early 1980s by the architect Claude Vasconi has a floor area of 255,210 sq. ft. (13,000 m^2). The new use of the structure is focused on communication, including exhibitions, conferences, and wider brainstorming activities. As the architects explain, "We chose to create a project that was clearly something new within an existing building, but that could also find a way in which to dialogue with this building. By utilizing the most remarkable aspect of the existing project—the geometry of the repeating steep shed roofs, which, seen in section, recreate the Renault Logo—we proposed to introduce the new project as a series of planes conceptually extruded downward and developed from this industrial roof."

The concrete columns and beams of the earlier structure defined the volumes that could be used to insert new areas within sheds ranging from 19½ to 39 ft. (6 to 12 m) in height. Three street-like passages were created on the north–south axis and a new glass roof unites two elements of the complex, while also creating a new entrance space.

White walls made from honeycomb aluminum panels derived from uses in aeronautics define innovative uses of the factory in an east–west alignment. Wooden walls were added with a north–south orientation to complete the new spaces. The original finishes of the steel structure and the ceilings were restored, permitting a clear distinction between the old and the new. A suspended viewing promenade at the first-floor level above ground links the different programmatic elements. The project includes amphitheaters for one hundred, three hundred, and five hundred people, three seminar/brainstorming rooms, a press room, four large office spaces, and a garage.

Le 57 Metal a été bâti par l'architecte français Claude Vasconi en 1984. Autrefois partie intégrante de l'usine Renault voisine, l'édifice a été reconverti en centre de communication pour le fabricant d'automobiles. Les architectes lui ont adjoint des espaces de bureaux et des réserves, en bois. Les panneaux en aluminium des murs reproduisent le motif en dents de scie des « sheds » originels.

Building 57 Metal, as built by the French architect Claude Vasconi in 1984. Originally part of the larger Renault factory located nearby, the building was repurposed into a communication center for the automobile manufacturer. The architects added wood office and storage blocks. White aluminum walls were conceptually extruded from the existing sawtooth roofing design.

Les murs blancs sont constitués de panneaux d'aluminium en nid d'abeilles empruntés à l'industrie aérospatiale. Ils peuvent être utilisés pour des expositions et des scénographies.

The white walls were made with honeycomb aluminum panels that were sourced in the aerospace industry. The white walls may also serve as part of the exhibition and set designs.

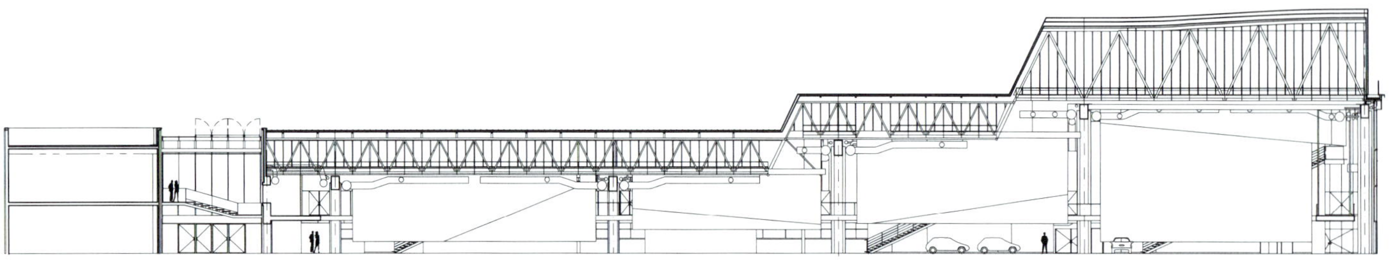

Ci-dessous : L'auditorium a été aménagé de façon à permettre la présentation d'automobiles, installées sur un plateau tournant.
Page de droite, en haut : Une salle de réunion à l'éclairage zénithal.

Above: This theater allows automobiles to be driven in and placed on a rotating turntable.
Facing page, top: A top-lit "think tank" meeting room.

JVC

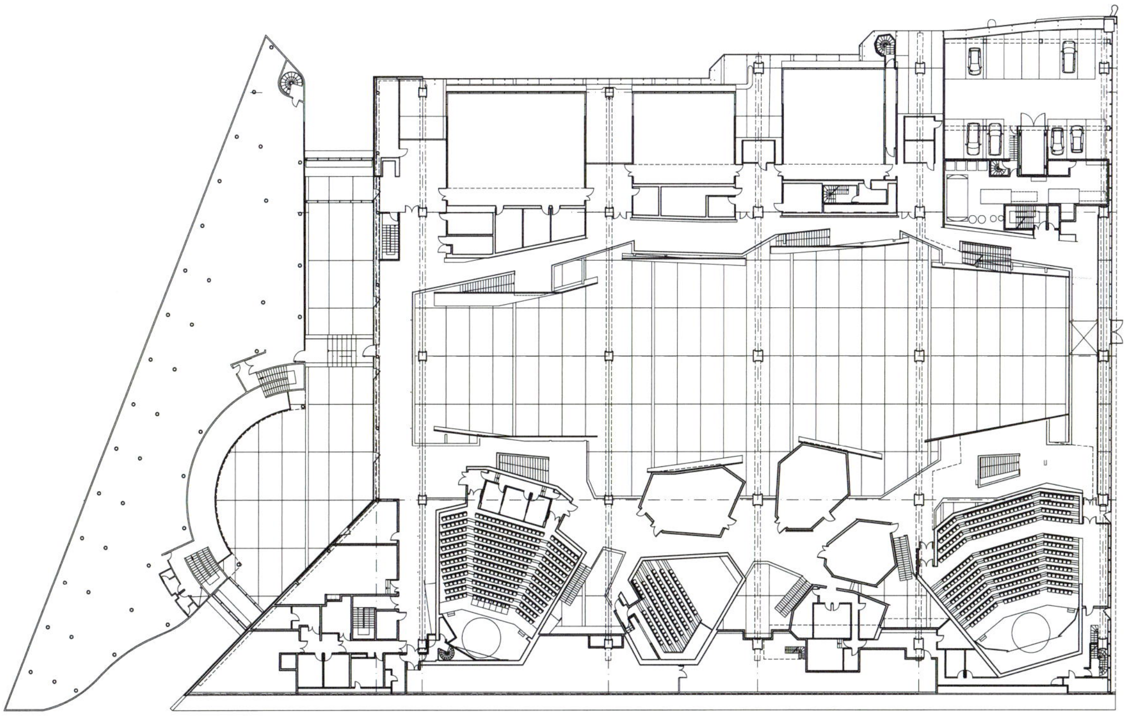

Projets futurs
Ongoing Projects

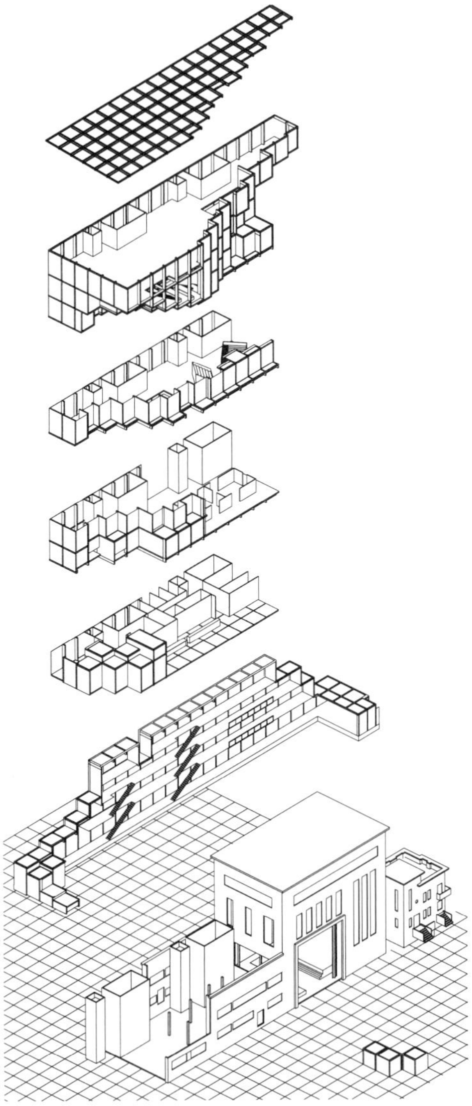

Energy Plug
Saint-Denis

Zéro carbone : telle est l'ambition de ce projet de modernisation et d'agrandissement d'une ancienne usine de 1 400 mètres carrés et 24 mètres de haut, datant des années 1930. Située à Saint-Denis, en banlieue parisienne, cette friche industrielle est à proximité immédiate des structures qui accueilleront les Jeux olympiques et paralympiques de Paris 2024 et de nombreux grands projets associés, tels que la station de métro du Grand Paris Express. Entièrement autosuffisant, le bâtiment produira sa propre énergie, neutre en carbone. La terre déblayée lors des travaux de la ligne du Grand Paris Express sera utilisée dans le processus de construction. Une nouvelle structure modulaire en bois – baptisée Energy Plug – captera l'énergie solaire et permettra le fonctionnement de serres verticales pourvues d'une double fonction : abriter une serre nourricière et permettre une régulation passive des températures. Le programme utilisera des panneaux solaires hybrides, thermiques et photovoltaïques, un système de récupération des eaux de pluie, ainsi que des batteries zinc-air pour le stockage de l'énergie. L'Energy Plug, catalyseur d'innovations écologiques, accueillera des ateliers scientifiques, des start-up travaillant autour de l'énergie propre et des initiatives pédagogiques menées avec les écoles de la ville. Un restaurant, géré en collaboration avec une association de réinsertion sociale, sera le point de rencontre des lieux. Commandé par EDF et RAIM, l'Energy Plug est l'un des lauréats du concours « Reinventing Cities : C40 ». Cette initiative internationale appelant à des idées innovantes a été lancée par C40, réseau de 19 métropoles à travers le monde, pionnières de la responsabilité environnementale. 49 sites sous-utilisés ont ainsi été sélectionnés pour faire l'objet d'un réaménagement dans lequel le développement durable occupe la première place.

Energy Plug
Saint-Denis

The Energy Plug project involves a "zero-carbon retrofit and extension" of a disused industrial structure covering 15,070 sq. ft. (1,400 m²) and standing 79 ft. (24 m) high, originally built in the 1930s. Located in the suburban town of Saint-Denis, next to the Paris 2024 Olympic and Paralympic Games venues, the site hosts a number of major metropolitan projects including a future metro station for the Grand Paris Express.
The building will generate its own renewable energy, becoming entirely self-sufficient and thus carbon-neutral.
Soil excavated from the Grand Paris Express site will be used in the construction process. A new modular structure known as the Energy Plug, entirely made of wood, will harness solar power and enable a system of vertical greenhouses with a double function of growing food and providing passive climate control. The scheme makes use of hybrid photovoltaic and thermal solar cells, rainwater recuperation, and zinc–air batteries for energy storage. The project will stimulate ecological innovation by hosting scientific workshops, providing space for clean-energy start-up firms, and facilitating educational programs for local schools. A restaurant backed by a social reintegration initiative will provide a welcoming meeting place. The clients for the building are EDF, a French electric utility company, and RAIM. The Energy Plug was a winning project in the C40 Reinventing Cities competition in which nineteen cities across the globe had identified a total of forty-nine under-utilized sites designated for ecologically oriented redevelopment. Reinventing Cities is a global call for innovative ideas launched by C40, a network of the world's major cities that champion environmental responsibility.

Living Landscape
Reykjavik

Prototype adaptable aux paysages du monde entier, ce programme architectural lauréat du concours « Reinventing Cities : C40 » propose un ensemble à usage mixte, « à l'empreinte carbone minimale, à l'impact positif sur son environnement et abritant un écosystème local condensé ». Situé en bordure d'une vaste friche industrielle destinée à devenir un centre urbain et un point d'accès à un nouveau quartier de Reykjavik, le projet Living Landscape et ses 26 000 mètres carrés accueillera la plus grande structure en bois d'Islande. Ce sera également l'incarnation d'une nouvelle typologie de construction où le bâti et la nature sont étroitement liés. Première étape de l'extension urbaine de Reykjavik vers l'est, Living Landscape se veut le précurseur des nombreux développements à venir en Islande pour un paysage vivant et un respect des écosystèmes existants. L'objectif : créer une nouvelle façon d'aménager, où les différences entre état naturel et état artificiel s'estompent. Cette approche écosystémique du développement des centres urbains a été mise au point avec une équipe d'experts locaux et internationaux afin de servir d'exemple à la communauté mondiale. Le bâtiment en forme de « O » enserre un espace paysagé conçu comme un écosystème, accueillant des plantes endémiques, ainsi que des roches et une zone humide caractéristiques de la région. Le rez-de-chaussée de 4 100 mètres carrés sera partagé entre des commerces, un musée et une école primaire. Le premier niveau sera réservé aux bureaux tandis que les niveaux supérieurs proposeront des logements aussi bien pour les étudiants et les personnes âgées que pour les familles. Sur le toit, cinq serres partagées accueilleront différentes activités, de l'agriculture urbaine à des salles de sport. Ainsi, grâce à des programmes innovants proposés dans des espaces dédiés, de nouveaux usages apparaîtront, faisant la part belle au lien social entre les générations.

Living Landscape
Reykjavik

This project was designed as a prototype for living in a local landscape that could be adapted to anywhere in the world.
A winning proposal for the C40 Reinventing Cities competition, this is a mixed-use complex in Reykjavik with, as the architects describe it, "a minimal carbon footprint, a positive impact on its environment, and a condensed local ecosystem." Situated on the edge of a large regenerated brownfield site that is slated to become an urban hub and a gateway into a new neighborhood, the 280,000-sq. ft. (26,000-m²) Living Landscape will be the largest wooden structure in Iceland. It also represents a new urban typology in which the city and nature are blended. This is the first project of Reykjavik's new eastward urban extension and aims to set a precedent for Iceland's many future developments with its ecosystem typology of the living landscape. Together, they will form an extremely rich, new environmental fabric where the differences between the urban and natural environments are blurred.
This ecosystem-based methodology for growing urban cities was developed with a team of local and international experts, to be considered as a model for the global community. Here, the O-shaped building wraps around a landscaped courtyard designed as an ecosystem with native plants, local rocks, and a surface that mimics the nearby wetlands. The ground floor contains 44,130 sq. ft. (4,100 m²) of commercial space, as well as a museum and a primary school. The second floor will be given over to offices, while the upper floors will provide housing for students, seniors, and families. The roof features five shared glasshouses to accommodate different activities ranging from urban farming to fitness. It will generate new uses through innovative programs and promote social links by providing quality spaces shared by families, students, and the elderly.

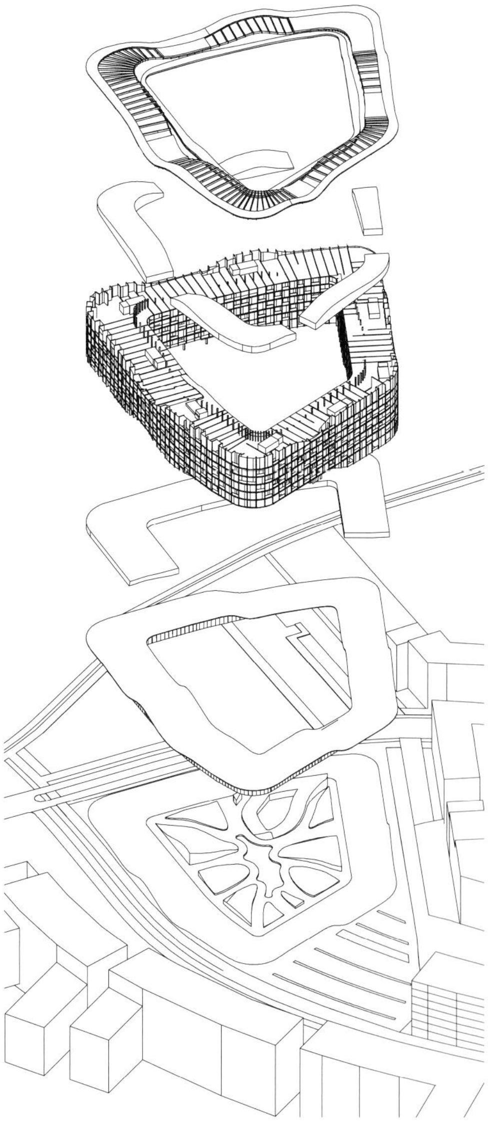

La Canopée

Rénovation de la bibliothèque Jean-Louis-Barrault, Avignon

La canopée est la métaphore autour de laquelle s'articule la rénovation de la bibliothèque Jean-Louis-Barrault d'Avignon, construite en 1985 par Béatrice Douine et Jacques Prunis. L'arbre est un symbole puissant, celui d'un lieu rassurant et ombragé sous lequel on peut s'évader, passer un moment de calme avec un livre ou partager des connaissances. Dans la bibliothèque, les escaliers habillés de livres sont les troncs, tandis que le nouveau toit est une canopée qui fournit, littéralement, ombre et chaleur. Le fort ensoleillement dont bénéficie la région appelait tout naturellement, dans le cadre du réaménagement écologiquement responsable de ce bâtiment des années 1980, à créer un toit capable de collecter l'énergie solaire. L'arbre est également synonyme de vie, à l'image de ce projet qui veut donner une nouvelle impulsion à la bibliothèque comme au quartier, et qui deviendra l'une des futures portes d'entrée dans Avignon. Le nouveau toit-canopée, fait de bois et de panneaux solaires, se distinguera par sa taille, sa légèreté et son contraste par rapport au volume d'origine en béton, créant un signal fort dans le paysage urbain. La conception intérieure répond au changement de paradigme suscité par la révolution numérique. Les bibliothèques évoluent et se transforment en espaces à la fois physiques et virtuels ; les interfaces numériques jouent un rôle de plus en plus important, tout particulièrement chez les plus jeunes. Une bibliothèque ne peut plus être exclusivement consacrée aux livres : c'est un lieu où l'on doit pouvoir assister à une conférence, participer à un club de discussion, boire un café ou regarder un film. Des aires de lecture organisées autour d'un puits de lumière invitent à un moment de détente, un livre à la main. Un auditorium, dont la programmation est partagée avec la mairie, contribue à intégrer la bibliothèque à la vie de la cité. L'extrême flexibilité des espaces permet d'anticiper les futures évolutions.

The Canopy

Renovation of the Jean-Louis Barrault Library, Avignon

The canopy is the core metaphor for the renovation of the Jean-Louis Barrault Library, originally built in 1985 by Beatrice Douine and Jacques Prunis. The tree is a powerful symbol, providing shade and a place of protection where one can slow down, spend a quiet moment with a book, or share knowledge with others. In the renovated library building, the staircases, whose walls are covered with bookshelves, resemble tree trunks, while the new solar roof becomes a canopy that literally provides shade and energy. The region's abundance of sunshine naturally suggested using the roof for harvesting solar power, as part of an environmentally conscious makeover of the 1980s building. The tree is also a symbol of life, which was particularly relevant since the city saw this project as representing a new lease of life for the library and for the surrounding neighborhood, intended as a future gateway to Avignon. The new canopy roof, made of wood and solar panels, distinguishes itself by being taller, lighter, and markedly different from the original concrete volume, creating a strong urban signal. The internal design responds to the paradigm shift brought about by the digital revolution. Libraries evolve into hybrids of physical and virtual space; digital interfaces play an increasingly important role in the way we—especially younger generations—interact with a library. A contemporary library is no longer exclusively about books; it is a place where one may come for a lecture, debates, a coffee, or a film. Set around a newly created light well, reading areas offer a major incentive to those who opt to sit down with a traditional book. An auditorium shared with the city makes the library part of wider community life. Anticipation of future evolution keeps the layouts extremely flexible.

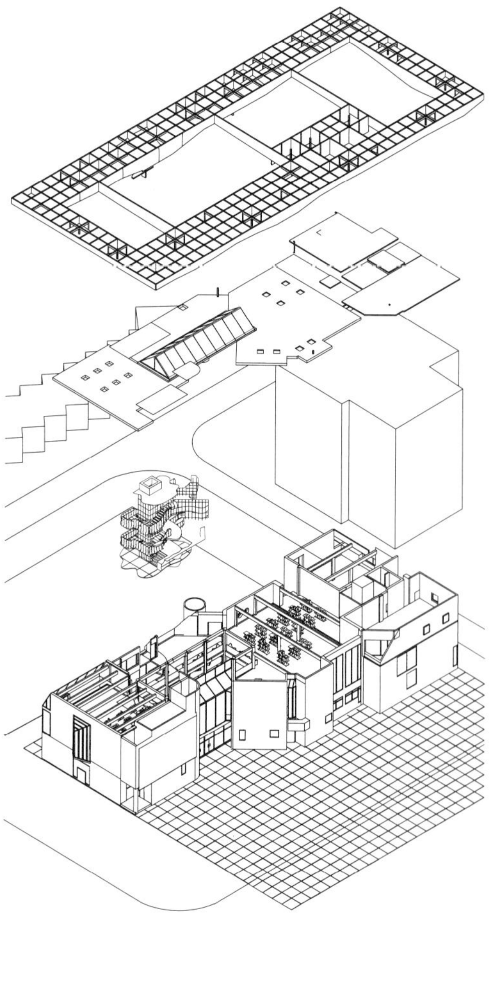

La Boîte

Frac-Artothèque Nouvelle-Aquitaine, Limoges

Sous la verrière d'une ancienne imprimerie, bâtiment industriel du XIXᵉ siècle situé en plein centre de Limoges, seront bientôt présentées les collections du Fonds régional d'art contemporain (Frac) du Limousin. Le principal défi pour les architectes consistait à mettre en valeur un bâtiment historique tout en créant un cadre propice pour accueillir des œuvres contemporaines. S'il fallait faire preuve de retenue, voire d'humilité, il ne fallait pas non plus laisser l'histoire prendre le pas. Le projet prévoit ainsi de revenir à la structure originelle du bâtiment et de le faire évoluer par plusieurs interventions légères. Un des éléments programmatiques majeurs du Frac est l'« artothèque », système de prêt d'œuvres d'art contemporain, qui s'appuie sur l'idée que l'art, tout comme le livre, peut s'emprunter avant d'être restitué.
Un système de cloisons coulissantes a donc été pensé pour lui fournir un cadre simple et efficace. Autre composante, la « boîte immersive », espace multimédia sur mesure, accueille des œuvres digitales. Composée de deux volumes clos superposés – l'un avec écrans, l'autre sans –, elle peut être entièrement fermée pour une immersion totale, partiellement ouverte pour fusionner avec le reste de l'espace, ou encore complètement ouverte. Lorsqu'elle est ouverte, la boîte immersive forme un toit incliné qui rappelle la verrière de cet ancien bâtiment industriel – donnant l'impression surprenante d'avoir une petite maison placée à l'intérieur d'une bien plus grande. À l'étage, une galerie, qui donne sur la nef centrale, dessert des bureaux dissimulés derrière des cloisons en contreplaqué. Les murs du reste du bâtiment sont laissés blancs. L'espace d'exposition se prolonge dans la ville grâce à une nouvelle façade sur rue, habillée d'une résille en acier qui invite l'art à envahir l'espace public.

The Box

FRAC-Artothèque Nouvelle-Aquitaine, Limoges

This regional arts center (FRAC) is moving to new premises—a nineteenth-century glass-ceilinged industrial shed that used to house a printworks, located in the city center. The main challenge for the architects was to reveal the nature of the historic building while at the same time creating a background for the artworks. This was, in their words, "a humbling exercise in pulling back"—without, however, being too enchanted by the past, since ultimately the project is intended as a space for contemporary art. Besides stripping the building down to its original state, the scheme involved a series of lightweight interventions. One of the programmatic components of the FRAC is the Artothèque, or lending library for contemporary art, based on the idea that a work of art, like a library book, can be taken out for a period of time and then returned. A system of sliding partitions provides a simple but efficient setting for the Artothèque. Another component is the "immersive box," a custom-designed gallery space for showcasing digital art. It is designed as a stack of two wooden enclosures—a light box and a black box—that can be closed for full immersion, partially folded out to merge with the bigger space, or completely folded up. When open, the structure forms a pitched roof echoing that of the former industrial building—a spontaneously created ambiguity generated by a little house placed inside a much larger one. The top floor—a gallery overlooking the central nave—accommodates offices behind newly installed plywood partitions. The rest of the building has walls in the form of white boxes. The exhibition space is extended into the city by means of a new street façade fitted with a steel matrix to become a new form of representation by bringing art into a public space.

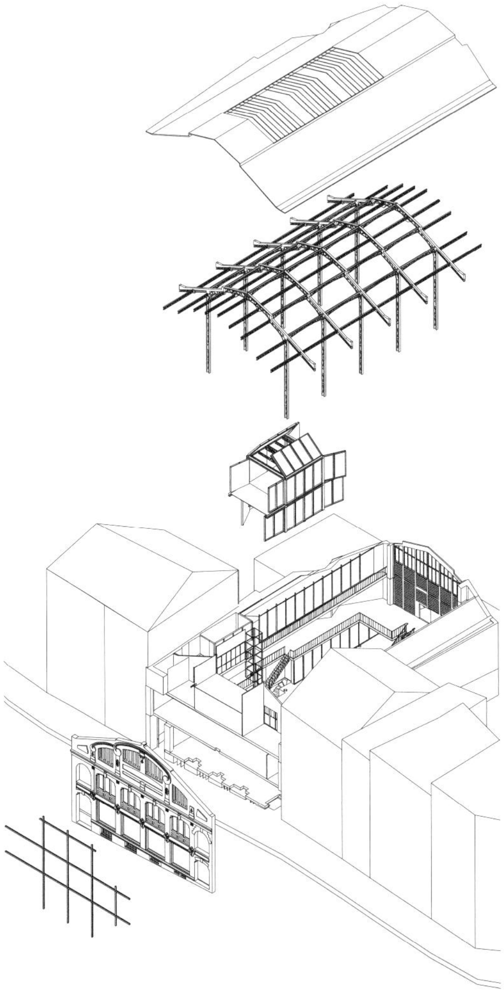

La Vague

Trinum – Pôle des arts et cultures numériques, Lomme

La Vague, c'est à la fois un toit, une porte d'entrée et un « sentier numérique », une transition entre la rue et un parc arboré, qui offre au visiteur de passage un voyage dans un monde numérique. Lomme, commune rattachée à Lille, a souhaité se doter d'un nouveau Centre des arts et cultures numériques. Ce projet imaginé par Jakob + MacFarlane propose une médiathèque, une salle de spectacle multimodale pouvant accueillir 500 personnes assises ou 1 000 personnes debout, un laboratoire tourné vers les expériences numériques (le Living Lab), une salle immersive dédiée à la ville du futur (le GeoPulse). Un café et un espace réservé aux associations locales complètent l'ensemble, ainsi qu'un hall d'entrée qui permettra d'organiser des expositions. Ce nouveau lieu s'articule avec deux structures plus anciennes : un bâtiment en brique datant du XIXe siècle et son extension en béton construite dans les années 1990 pour abriter la médiathèque. Le projet prend place au sein d'un emplacement remarquable, en lisière d'un grand parc préservé au cœur de l'espace urbain. La ville souhaitait non seulement revaloriser le site, mais aussi créer un nouveau point d'accès pour développer son attractivité. Le projet se distingue par deux éléments marquants : le hall, d'une grande fluidité, qui ouvre sur la rue, et un toit qui prend la forme d'une vague. Point de jonction des différents espaces, un « sentier numérique » traverse l'édifice en diagonale et mène au parc. L'espace d'exposition est conçu de telle manière que les artistes auront la possibilité d'exploiter aussi bien les murs que le sol et le plafond. Comme souvent, les architectes se sont efforcés de concevoir une structure qui se démarque de son environnement immédiat tout en y étant parfaitement intégrée. Le treillage, véritable signature du projet, est un prolongement de la structure de la médiathèque existante. Soutenu par un maillage de poutres facettées, le toit-canopée suggère l'existence d'un espace, sans définir immédiatement sa fonction. Comme le précisent les architectes, « le bâtiment ne révèle pas ce qu'il est de prime abord. Il vous invite à rejoindre la place numérique, à vous y arrêter ou bien à poursuivre vers le parc, dont on devine l'animation, nouveau théâtre dans la ville ».

The Wave

Trinum Digital Art Center, Lomme

The Wave is a roof, a portal, and a digital pathway that brings visitors from the street to a park—offering a journey into a digital world between the two. Lomme, part of the city of Lille, will soon be opening a new Digital Art Center. This project by Jakob + MacFarlane includes a Living Media Library; a reconfigurable multi-modal concert space that seats five hundred or accommodates one thousand people standing; the Living Lab for digital experimentation; an immersive GeoPulse room dedicated to the city of the future; a café; a space for local associations; and an entry hall that doubles as an exhibition space. The new design plugs into two older parts: a nineteenth-century brick building, and its concrete extension built in the 1990s to host a multimedia library. The project boasts a unique location on the edge of a large park preserved in the middle of an urban area. As well as upgrading the facility, the client wanted to create a new entry, together with the possibility for visitors to pass through the building and move deeper into the site. The design concept is defined by a free-form hall, which introduces a new public place, and an undulating roof that brings together the diverse functional spaces. Linking all of these spaces into a diagonally oriented path, known as the Digital Passage, the hall runs through the building and into the park. As an exhibition space, it is designed so that the artists can use not only the walls, but also the floors and the wooden ceiling. As is the case with many of their projects, in Lomme the architects sought to propose a facility that would emerge from and become part of the existing environment. The lattice that defines their project is derived from the structural parameters of the existing media library. Supported by a mesh of faceted wooden beams, the canopy-like roof suggests a space without immediately defining its purpose. "The building does not say what it is but invites you to cross the digital square where you can either stop or move on, because you can see the animation in the park which has been transformed into a kind of stage," state the architects.

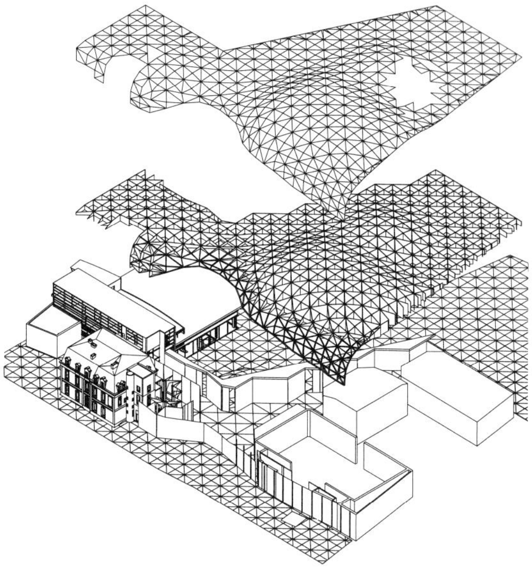

The Wedge
Cinéma multiplexe,
Pont-Audemer

Avec ce projet, Jakob + MacFarlane fait son retour à Pont-Audemer, en Normandie, où l'agence a déjà conçu le théâtre L'Éclat il y a presque vingt ans. Ce nouveau cinéma multiplexe amorce la reconversion de la friche d'une ancienne fonderie en un nouvel espace de loisirs à quelques minutes à pied du centre-ville. La partie supérieure du bâtiment abrite les six salles de projection de 40 à 280 sièges. Disposées l'une à la suite de l'autre, dans un ordre de grandeur croissant, elles créent ainsi un immense volume incliné qui surplombe un très grand hall d'accueil vitré, donnant sur un éco-paysage nouvellement créé. Avec l'ancienne gare ferroviaire reconvertie en restaurant, ce multiplexe se veut emblématique de ce nouveau quartier de commerces et de loisirs de la ville. Aussi, les architectes ont-ils choisi de l'envelopper de rose, afin de marquer son enracinement dans la culture urbaine.
Pour le théâtre du centre de Pont-Audemer, ils avaient opté pour du orange, une version contemporaine du rouge qui caractérisait au XIXe siècle les lieux de divertissement.
La partie inférieure du volume en porte-à-faux est pour sa part lambrissée de bois, rappelant les maisons médiévales à colombages de Pont-Audemer.

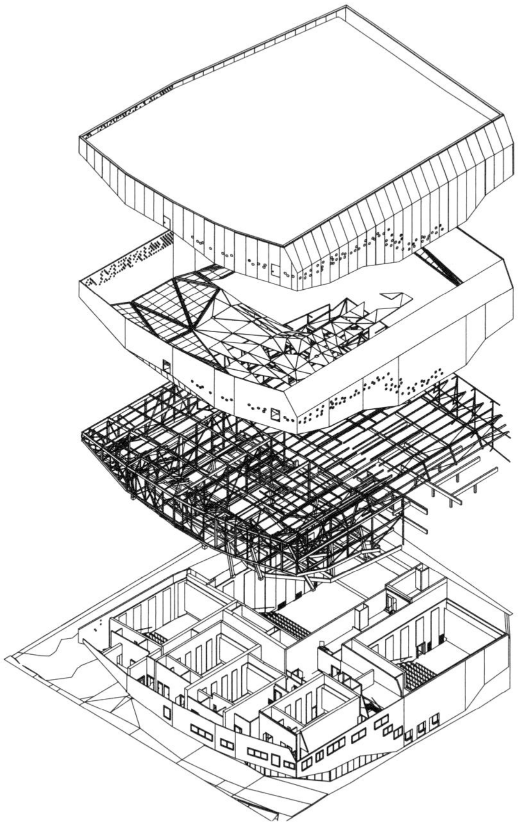

The Wedge
Cinema Complex,
Pont-Audemer

This project brought Jakob + MacFarlane back to the Normandy town for which they had already designed the L'Éclat theater almost two decades ago. The new cinema complex is located on the edge of Pont-Audemer (but still within walking distance of the town center) and anchors a future commercial strip emerging on the site of a demolished foundry. Six movie theaters ranging in size from 40 to 280 seats are situated in the upper part of the building. The architects decided to stack the cinemas, with their naturally tiered shapes, into a sequence of increasing sizes, which created a raked volume with enough space underneath to accommodate an ample public lobby. The transparent lobby overlooks a newly created eco-landscape. Together with an old train station repurposed into a restaurant, the complex signals the town's new shopping and entertainment area and therefore should have a strong presence. While Jakob + MacFarlane's centrally located Pont-Audemer theater is highlighted in orange—a contemporary version of the color red that used to identify public entertainment places in French cities of the nineteenth century—the envelope of the cinema complex is strong pink, emphasizing its rootedness in suburban culture. The lower part of the cantilevered volume is lined in wood—a reference to the wooden slats of Pont-Audemer's medieval buildings.

La Ruche

École d’architecture et d'urbanisme, Mons

Ce programme se distingue par son emplacement exceptionnel – un vide dans le tissu urbain historique –, qui fait naturellement de l’école d’architecture et d'urbanisme de Mons un trait d’union reliant différentes parties de la ville. Autre élément caractéristique : le puits de lumière qui forme le cœur du bâtiment. Les architectes ont conçu le projet comme un lieu public – un carrefour doté de multiples points d’entrée et de sortie. Sa position très centrale a permis de créer un espace urbain à part entière, destiné à interconnecter les quartiers alentour et à fournir des raccourcis aux piétons qui traversent ainsi l’école d’architecture, devenue partie intégrante de la vie urbaine. Associant la volonté de faire de l’école un pôle universitaire et culturel international et la nécessité de revitaliser une zone en cœur de ville, le projet s’est développé autour de trois objectifs. Tout d’abord, encourager les synergies entre les habitants, les étudiants et le corps enseignant. Offrir, ensuite, un cadre polyvalent et évolutif. Enfin, créer une œuvre architecturale forte, respectueuse de son contexte. Le caractère citadin du site a incité Jakob + MacFarlane à envisager les règles d’urbanisme non comme une contrainte, mais comme une ligne directrice. Ainsi, les architectes se sont inspirés du retrait prescrit pour les édifices de plus de 13 mètres de hauteur pour décliner une géométrie angulaire sur l’ensemble du bâtiment, des inclinaisons des façades qui se répondent aux profils des pare-soleil, en passant par la conception des menuiseries des étages supérieurs et des toits. Le choix des matériaux et des couleurs a été influencé par l’élégante sobriété de la palette locale, notamment les murs de brique rouge et les toits en tuile sombre. Sur les façades alternent des matériaux opaques et vitrés, tandis que les cours pavées créent une ambiance plus intime. L’édifice ainsi conçu prend la forme d’un volume noir abstrait, ruche urbaine qui suggère dialogue entre le site et ceux qui le fréquentent.

The Hive

Architecture and Urban Planning School, Mons

Largely defined by its exceptional location—a void in the historic urban fabric—this scheme naturally views the architecture and urban planning school in Mons as a bridge between different parts of the city. Another defining element is the light well that forms the heart of the building. The architects conceived the project as a public place—a crossroads and an urban square with multiple entrances and exits. Its position at the heart of the area was ideal for creating a fully fledged city space that would connect the surrounding urban pockets and enable shortened public pedestrian passages through and under the architecture school, weaving it into daily life in the city. Combining the need to ensure a strong presence in the academic and cultural world with the desire to revitalize a core urban area, the design process unfolded along three axes: fostering synergies between residents, students, and academics; offering a highly efficient project capable of adapting to future uses; and interpreting contextual specifics to create a powerful work of architecture. The urban character of the site has prompted the team to treat the building code not as a constraint but as an additional guideline for their design. Thus, they used the requisite setback for buildings higher than 42½ ft. (13 m) as the source for a repetitive angular geometry applied throughout the project in a number of ways, from the bends in the façades that face each other to the profiles of sunscreens or the design of the joinery for the upper floors and roofs. The choice of materials and colors was influenced by the elegant sobriety of the local palette, for example red brick walls and dark slate roofs. The façades alternate opaque and glazed materials, while the cobblestone courtyards offer a more intimate scale. The resulting project appears as an abstract black volume—an urban hive that suggests a dialogue with its context and between users.

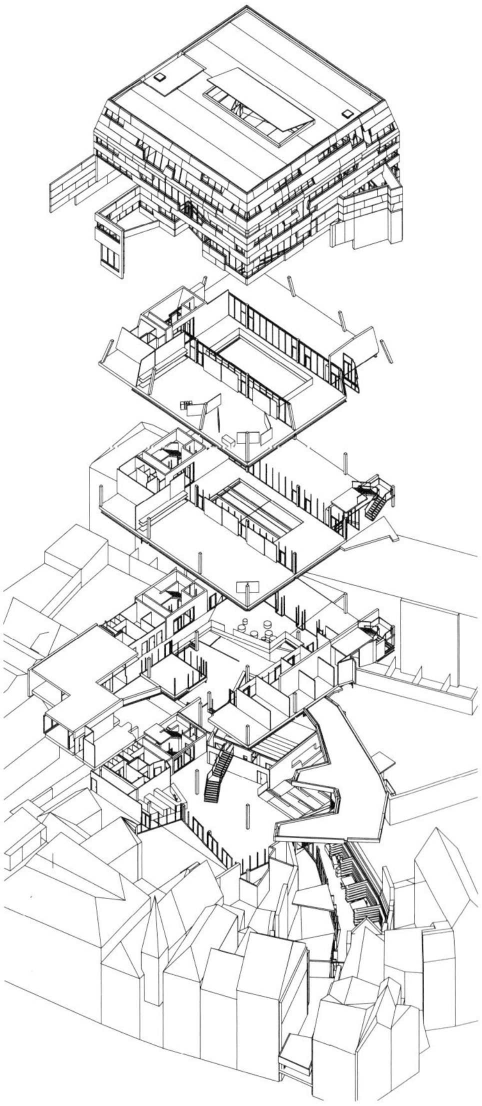

Community House
Knokke-Heist

Commande de la municipalité de Knokke-Heist, station balnéaire de la côte nord-ouest de la Belgique, ce projet se veut un nouveau point de rencontre pour les habitants, les propriétaires de résidence secondaire et les touristes – mélange vivant de logements, de services publics et de commerces. Toutes ces fonctionnalités sont réunies dans un seul bâtiment, qui surplombe une place faisant partie du projet et où se tient, chaque mardi, un marché. Il était primordial d'associer étroitement – et avec finesse – ce projet avec les différents programmes existants pour un bon fonctionnement de l'espace public. Le bâtiment final est une tour de 15 étages et 50 mètres de haut, comportant 80 logements aux niveaux supérieurs, tandis que le rez-de-chaussée accueille une ludothèque, une bibliothèque, une maison associative, quelques commerces et un commissariat. La façade, constituée d'une superposition de petites maisons, de serres et de terrasses partagées entre voisins, desservies par des coursives, emprunte au vocabulaire des transports maritimes et de ses conteneurs de fret. Cette conception, soucieuse de développement durable, permet de limiter la consommation énergétique grâce au recours à l'énergie solaire, au recyclage de l'eau, et à l'utilisation judicieuse de la lumière naturelle et de la ventilation.

Community House
Knokke-Heist

Commissioned by the municipality of Knokke-Heist, a resort on the northwestern coast of Belgium, this project called for a new meeting place for residents, vacation home-owners, and tourists—a vibrant mix of homes, public functions, recreation, and retail space. All of these functions are gathered into a single building—occasionally spilling over to the adjacent square that is already home to an outdoor Tuesday market. Knitting together what was already there with a roster of new functions and services was vital to maintaining a sense of community. The resulting scheme is centered on a fifteen-story building 164 ft. (50 m) high, with eighty housing units stacked above the ground floor, which will accommodate a toy library, a library, an association house, shops, and the police department. Using a vocabulary related to maritime transport and cargo containers, the façade reveals an assembly of smaller houses arranged on the building's slabs, along with accessible greenhouses distributed along the façade and shared terraces. Sustainable design allows for reduced consumption of resources through the use of solar power, water recovery, natural light, and ventilation.

Descriptif des projets présentés

Cube Orange, Lyon
Maître d'ouvrage : Rhône Saône Développement / Cardinal
Réalisé en 2010
Programme : Tertiaire, Commerce, Showroom design
Intervention artistique sur les espaces intérieurs par Philippe Cazal
Équipe : RFR, TESS, Alto, Forgue, Lamoureux

Euronews, Lyon
Maître d'ouvrage : Euronews / Cardinal
Réalisé en 2014
Programme : Tertiaire multimédia, studios télévision
Intervention artistique sur la résille par Fabrice Hyber
Équipe : TESS, SNC Lavallin, Lamoureux

Les Turbulences, Frac Centre-Val de Loire, Orléans
Maître d'ouvrage : Région Centre
Réalisé en 2013
Programme : Salles d'expositions permanentes et temporaires, médiathèque, espaces tertiaires,
Intervention artistique sur la façade : Electronic Shadows (Naziha Mestaoui et Yacine Ait Kaci)
Équipe : Batiserf, Choulet, Alto, Forgue, Lamoureux

Restaurant Georges, Centre Georges-Pompidou, Paris
Maître d'ouvrage : Costes
Réalisé en 2000
Programme : Restaurant, bar, terrasse
Équipe : Inex, Setec, RFR , Forgue, Lamoureux

Librairie Florence Loewy, Paris
Maître d'ouvrage : Florence Loewy
Réalisé en 2001
Programme : Librairie

Logements sociaux Hérold, Paris
Maître d'ouvrage : R.I.V.P
Réalisé en 2008
Programme : Logements sociaux
Équipe : Batiserf, Choulet, Forgue, Lamoureux, Cap paysage

Les Docks, Cité de la mode et du design, Paris
Maître d'ouvrage : Icade G3A / Caisse des Dépôts
Réalisé en 2008
Programme : Institut Français de la Mode, espaces événementiels, restaurants, commerces
Mise en lumière : Yann Kersalé
Paysagiste : Michel Desvignes
Signalétique : Nicolas Vrignaud
Équipe : RFR, Arcoba, Jean-Marc Weil

Pavillon Nomade, Paris
Maître d'ouvrage : Orange
Réalisé en 2013
Programme : Pavillon d'exposition temporaire
Équipe : RFR

Maison connectée, Boulogne-Billancourt
Maître d'ouvrage : Privé
Réalisé en 2016
Programme : Maison particulière
Équipe : Batiserf, Inex, Bollinger & Grohman, Cap Paysage

Conservatoire Nadia et Lili Boulanger, Noisy-le-Sec
Maître d'ouvrage : Ville de Noisy-le-Sec
Réalisé en 2017
Programme : Conservatoire de musique, de danse et d'art dramatique, auditorium, café
Équipe : Batiserf, Alto, Forgue, Lamoureux, Ducks sceno

Parfumerie Frédéric Malle, Paris
Maître d'ouvrage : Éditions de Parfums Fréderic Malle
Réalisé en 2017
Programme : Parfumerie
Équipe : Observatoire international

Fondation d'entreprise Ricard, Paris
Maître d'ouvrage : Fondation d'entreprise Ricard
Réalisé en 2007
Programme : Espace d'exposition temporaire et bar
Équipe : Batiserf, Inex, Forgue, Lamoureux

Monument à la Mémoire et à la Paix, Val-de-Reuil
Maître d'ouvrage : Ville de Val-de-Reuil
Réalisé en 1998
Programme : Monument
Architectes associés : Franck Vialet, Catherine Mosbach
Équipe : ITEC

Centre culturel suisse, Paris
Maître d'ouvrage : Centre culturel suisse (CCS)
Réalisé en 2010
Programme : Espaces d'exposition et librairie

Centre Meary, Hôpital Saint-Louis, Paris
Client : Université de Paris-Diderot
Réalisé en 2017
Programme : Laboratoires, bureaux, auditorium
Green Good Design Award du Chicago Athenaeum Museum of Architecture and Design en 2018
Équipe : Projex, Cap paysage

Hall de la tour Coupole, Paris-La Défense
Maître d'ouvrage : Sci CB2
Réalisé en 2013
Programme : Hall d'accueil
Équipe: Tess, Setec, Lamoureux, Ducks sceno

Centre de communication Renault, Boulogne-Billancourt
Maître d'ouvrage : Renault / SICOFRAM
Réalisé en 2004
Programme : Tertiaire, auditoriums et salles d'exposition
Équipe : RFR, INEX, Setec, Forgue, Xu acoustique, Labeyrie

Energy Plug, Saint-Denis
Dans le cadre du concours « C40, Reinventing Cities »
Maître d'ouvrage : EDF, RAIM
Programme : Espaces d'exposition, serre climatique, plateaux de bureaux, salles de conférence, restaurant
Équipe : SETEC, Les fermes de Gally, ETIC, Projex, Teckne, EOC

Living Landscape, Reykjavik
Dans le cadre du concours « C40, Reinventing Cities »
Maître d'ouvrage : KLASI, HEILD, UPPHAFF
Programme : Serre climatique, bureaux, logements, restaurant, commerces, jardin, crèche
Architecte associé: T.Ark
Équipe : EFLA , EOC, Landslag

La Canopée, Avignon
Maître d'ouvrage : Ville d'Avignon
Programme : Bibliothèque, auditorium
Équipe: TPFI, Hedont

La Boîte, Limoges
Maître d'ouvrage : Région Nouvelle-Aquitaine
Programme : Espace d'exposition temporaires, artothèque, café
Équipe : Batiserf, Nicolas, Forgue, Lamoureux, Ducks sceno

La Vague, Lomme
Maître d'ouvrage : Villes de Lomme et de Lille
Programme: Médiathèque, salle de visualisation numérique, halle multimodale,
Équipe : TPFI, Lamoureux, Labeyrie, EOC

The Wedge, Pont-Audemer
Maître d'ouvrage : Ville de Pont-Audemer
Programme: Salles de cinéma
Architectes associés : Atelier des Deux Anges
Équipe : EGIS, Labeyrie, Lamoureux

La Ruche, Mons
Maître d'ouvrage : Université de Mons
Programme: École d'architecture, ateliers, bibliothèque, auditorium, bureaux
Équipe : Greisch, Peutz, Semaco, Bollinger&Grohman

Community House, Knokke-Heist
Maître d'ouvrage : Ville de Knokke-Heist, Caap
Programme: Espaces publics, logements, hôtel de ville, commerces, salle polyvalente
Équipe : Bollinger, Sempervirens, Les Eclaireurs, B2ai

Orange Cube, Lyon
Client: Rhône Saône Développement/Cardinal
Completed 2010
Brief: Services, shops, showroom design
Artistic consultant for interior spaces: Philippe Cazal
Partners: RFR, TESS, Alto, Forgue, Lamoureux

Euronews HQ, Lyon
Client: Euronews/Cardinal
Completed 2014
Brief: Multimedia services, television studios
Artistic consultant for exterior façade: Fabrice Hyber
Partners: TESS, SNC Lavallin, Lamoureux

Les Turbulences, FRAC Centre-Val de Loire
Client: Région Centre
Completed 2013
Brief: Permanent and temporary exhibition spaces, media library, services
Artistic consultants for façade: Electronic Shadow (Naziha Mestaoui and Yacine Aït Kaci)
Partners: Batiserf, Choulet, Alto, Forgue, Lamoureux

Georges Restaurant, Centre Pompidou, Paris
Client: Costes
Completed 2000
Brief: Restaurant, bar, and terrace
Partners: Inex, Setec, RFR, Forgue, Lamoureux

Florence Loewy Bookstore, Paris
Client: Florence Loewy
Completed 2001
Brief: Bookstore

Hérold Social Housing, Paris
Client: R.I.V.P.
Completed 2008
Brief: Social housing
Partners: Batiserf, Choulet, Forgue, Lamoureux, Cap Paysage

The Docks, Cité de la Mode et du Design, Paris
Client: Icade G3A/Caisse des Dépôts
Completed 2008
Brief: HQ for the Institut Français de la Mode, reception rooms, restaurants, shops
Lighting design: Yann Kersalé
Landscaping: Michel Desvigne
Signage: Nicolas Vrignaud
Partners: RFR, Arcoba, Jean-Marc Weil

Nomad Pavilion, Paris
Client: Orange
Completed 2013
Brief: Temporary exhibition pavilion
Partners: RFR

Connected House, Boulogne-Billancourt
Client: Private
Completed 2016
Brief: Private house
Partners: Batiserf, Inex, Bollinger & Grohman, Cap Paysage

Conservatoire Nadia et Lili Boulanger, Noisy-le-Sec
Client: Noisy-le-Sec town council
Completed 2017
Brief: Academy for music, dance, and dramatic arts, auditorium, café
Partners: Batiserf, Alto, Forgue, Lamoureux, Ducks Sceno

Frédéric Malle Perfume Boutique, Paris
Client: Éditions de Parfums Fréderic Malle
Completed 2017
Brief: Perfume boutique
Partners: Observatoire International

Fondation d'Entreprise Ricard, Paris
Client: Fondation d'Entreprise Ricard
Completed 2007
Brief: Temporary exhibition space and bar
Partners: Batiserf, Inex, Forgue, Lamoureux

Memory and Peace Memorial, Val-de-Reuil
Client: Val-de-Reuil town council
Completed 1998
Brief: Monument
Associate architects: Franck Vialet, Catherine Mosbach
Partners: ITEC

Centre Culturel Suisse, Paris
Client: Centre Culturel Suisse (CCS)
Completed 2010
Brief: Exhibition spaces and bookstore

Centre Meary, Hôpital Saint-Louis, Université Paris-Diderot, Paris
Client: Université de Paris-Diderot
Completed 2017
Brief: Laboratories, offices, auditorium
Recipient of the Green Good Design Award from the Chicago Athenaeum Museum of Architecture and Design (2018)
Partners: Projex, Cap Paysage

Entrance Lobby of the Coupole Tower, Paris-La Défense
Client: Sci CB2
Completed 2013
Brief: Entrance lobby
Partners: TESS, Setec, Lamoureux, Ducks Sceno

Renault Communication Center, Boulogne-Billancourt
Client: Renault/SICOFRAM
Completed 2004
Brief: Services, auditoriums, and exhibition spaces
Partners: RFR, INEX, Setec, Forgue, Xu Acoustique, Labeyrie

Energy Plug, Saint-Denis
Entry for C40 Reinventing Cities competition
Client: EDF, RAIM
Brief: Exhibition spaces, greenhouse, offices, conference rooms, restaurant
Partners: Setec, Les Fermes de Gally, ETIC, Projex, Teckne, EOC

Living Landscape, Reykjavik
Entry for C40 Reinventing Cities competition
Client: KLASI, HEILD, UPPHAFF
Brief: Greenhouse, offices, housing, restaurant, shops, garden, crèche
Associate architect: T. Ark
Partners: EFLA, EOC, Landslag

The Canopy, Avignon
Client: Avignon city council
Brief: Library, auditorium
Partners: TPFI, Hedont

The Box, Limoges
Client: Région Nouvelle-Aquitaine
Brief: Temporary exhibition spaces, art lending library, café
Partners: Batiserf, Nicolas, Forgue, Lamoureux, Ducks Sceno

The Wave, Lomme
Client: Lomme and Lille city councils
Brief: Media library, digital exhibition hall, mixed-use space
Partners: TPFI, Lamoureux, Labeyrie, EOC

The Wedge, Pont-Audemer
Client: Pont-Audemer town council
Brief: Multiscreen cinema
Associate architects: Atelier des Deux Anges
Partners: EGIS, Labeyrie, Lamoureux

The Hive, Mons
Client: Mons University
Brief: Architecture school, studios, library, auditorium, offices
Partners: Greisch, Peutz, Semaco, Bollinger & Grohman

Community House, Knokke-Heist
Client: Knokke-Heist town council, Caap
Brief: Public spaces, houses, town hall, shops, mixed-use space
Partners: Bollinger & Grohman, Sempervirens, Les Eclaireurs, B2ai

Biographie
Biography

Née en France, Dominique Jakob est diplômée de l'École d'architecture Paris-Villemin (1991) et titulaire d'une licence en histoire de l'art (université Paris-I). Elle a enseigné à l'École d'architecture Paris-Villemin et Paris-Malaquais de 1994 à 2004, à l'École spéciale d'architecture, ainsi qu'au Southern California Institute of Architecture de Los Angeles en 2018. Elle a été nommée « femme architecte » de l'année 2019 par l'Association pour la recherche sur la ville et l'habitat (Arvha). Elle est membre titulaire de l'Académie française d'architecture depuis 2016.

Brendan MacFarlane, né en Nouvelle-Zélande et diplômé du Southern California Institute of Architecture de Los Angeles en 1984, est titulaire d'un master de la Harvard Graduate School of Design de Boston (1990). Il a enseigné à la Bartlett School of Architecture de Londres, à l'Architectural Association de Londres, à l'École spéciale d'architecture de Paris, au Southern California Institute of Architecture de Los Angeles (2006 et 2018) et à la Harvard Graduate School of Design de Boston. En 2010, il a reçu le Distinguished Alumni Award du Southern California Institute of Architecture.

Jakob + MacFarlane est une agence d'architecture, d'urbanisme et de design, fondée sur la recherche appliquée au développement d'une architecture innovante et engagée, en prise avec les urgences environnementales et les défis du XXIe siècle. À la pointe des technologies numériques depuis plus de vingt ans, l'agence créée en 1998 s'illustre par des réalisations, devenues de véritables marqueurs urbains, qui s'attachent à proposer un langage architectural adapté à l'histoire des projets et à leur programme. Une équipe multidisciplinaire et internationale pilote la recherche, la création et la réalisation. Elle repose sur un réseau international d'experts techniques, pour imaginer et apporter des réponses spécifiques aux défis offerts par chacun des projets. Dominique Jakob et Brendan MacFarlane sont régulièrement invités à participer à des conférences et des jurys dans des institutions prestigieuses comme l'Architectural Association, le Centre Georges-Pompidou ou encore la Monterey Design Conference.

Les projets de l'agence ont été exposés dans différents musées dans le monde :
Centre Pompidou (Paris),
Bartlett School Gallery (Londres, 1997),
musée de l'Architecture (Moscou, 2000),
Artist Space (New York, 2003),
Victoria & Albert Museum (Londres, 2003),
Rencontres internationales d'architecture d'Orléans / Archilab (1999, 2001, 2003),
SFMOMA (San Francisco, 2004),
Mori Art Museum (Tokyo, 2004),
Pavillon de l'Arsenal (Paris, 2010),
Carnegie Mellon (Pittsburgh, 2001, 2015),
Cité de l'architecture et du patrimoine (Paris, 2012, 2015).

Jakob + MacFarlane a également fait partie de la sélection française de la Biennale d'architecture de Venise en 2002 ainsi que de la sélection internationale en 2004 et 2008.

Des expositions monographiques ont eu lieu à la School Gallery (Paris, 2014) et Aedes Architecture Forum (Berlin, Cologne, Bordeaux, 2017).

Publications :
Augmenting the Invisible (Aedes Gallery, 2017)
Frac Centre – Les Turbulences (HYX, 2013)
Phase – The Architecture of Jakob + MacFarlane (AADCU, 2012)
Jakob + MacFarlane – Les Docks (HYX, 2011)
Hors-Série *#02 – Jakob + MacFarlane* (Archistorm, 2011)
Jakob + MacFarlane (The Images Publishing, 2006)
Transcapes (Frac Centre, 2005)
Jakob + MacFarlane (Casa Editrice Libria, 2004).

Born in France, Dominique Jakob graduated from the École d'Architecture Paris-Villemin (1991) after receiving a degree in art history from the Université de Paris I (1990). She taught at the Paris-Villemin and Paris-Malaquais School of Architecture from 1994 to 2004, at the Special School of Architecture, and at the Los Angeles Southern California Institute of Architecture in 2018. She was named Woman Architect of the Year in 2019 by the ARVHA. She has been a full member of the French Academy of Architecture since 2016.

Brendan MacFarlane, born in New Zealand and a graduate of the Southern California Institute of Architecture in Los Angeles (1984), received his master's degree from the Harvard Graduate School of Design in Boston (1990). He has taught at the Bartlett School of Architecture in London, the Architectural Association in London, the Special School of Architecture in Paris, the Southern California Institute of Architecture in Los Angeles (2006 and 2018), and the Harvard Graduate School of Design in Boston. In 2010, he received the Distinguished Alumni Award from the Southern California Institute of Architecture.

Jakob + MacFarlane is an architectural, urban planning, and design practice centered on research into the development of innovative and socially committed architecture tailored to meet the environmental emergencies and other challenges of the twenty-first century. At the forefront of digital technology for more than twenty years, the practice, created in 1998, is renowned for buildings that have become real urban markers. It specializes in proposing an architectural language that is suited to the history of its projects and to their program. An international, multidisciplinary team spearheads the research, design, and production. It is supported by a global network of technical expertise, aimed at conceiving and implementing specific solutions to the challenges that each project presents. Dominique Jakob and Brendan MacFarlane are regularly invited to participate in conferences and juries in prestigious institutions such as the Architectural Association of London, the Centre Georges Pompidou, and the Monterey Design Conference.

Their projects have been exhibited in museums around the world, including:
Centre Pompidou, Paris
Bartlett School Gallery, London (1997)
Museum of Architecture, Moscow (2000)
Artist Space, New York (2003)
Victoria & Albert Museum, London (2003)
International Architecture Festival Orléans / Archilab (1999, 2001, 2003)
San Francisco Museum of Modern Art (2004)
Mori Art Museum, Tokyo (2004)
Pavillon de l'Arsenal, Paris (2010)
Carnegie Mellon Institute, Pittsburgh (2001, 2015)
Cité de l'Architecture et du Patrimoine, Paris (2012, 2015).

They were also part of the French selection for the Venice Architecture Biennale in 2002, and the international selection in 2004 and 2008.

Monographic exhibitions were held at School Gallery, Paris (2014) and at Aedes Architecture Forum, Berlin-Cologne-Bordeaux (2017).

Publications:
Augmenting the Invisible (Aedes Gallery, 2017)
FRAC Centre – Les Turbulences (HYX, 2013)
Phase – The Architecture of Jakob + MacFarlane (AADCU, 2012)
Jakob + MacFarlane – Les Docks (HYX, 2011)
Hors-Serie #02 – Jakob + MacFarlane (Archistorm, 2011)
Jakob + MacFarlane (The Images Publishing, 2006)
Transcapes (Frac Centre, 2005)
Jakob + MacFarlane (Casa Editrice Libria, 2004).

Architecture, design, scénographie, installation

Projets en cours

2024 Energy Plug, Saint-Denis
2024 Living Landscape, Reykjavik
2022 La Ruche, école d'architecture et d'urbanisme, Mons
2022 Community House, Knokke-Heist
2022 La Vague, Trinum – Pôle des arts et cultures numériques, Lomme
2022 La Boîte, Frac-Artothèque Nouvelle-Aquitaine, Limoges
2022 La Canopée, rénovation de la bibliothèque Jean-Louis-Barrault, Avignon
2020 The Wedge, cinéma multiplexe (associé à Atelier des Deux Anges), Pont-Audemer
2020 Island, Castelnau-le-Lez
2020 Fetilly, La Rochelle

Architectures réalisées

2018 Centre Meary, Paris
2017 Conservatoire Nadia-et-Lili-Boulanger, Noisy-le-Sec
2017 Parfumerie Frédéric Malle, Paris
2016 Maison connectée, Boulogne-Billancourt
2015 Galerie Vallois, Paris
2014 Euronews, Lyon
2013 Hall de la tour Coupole, Paris-La Défense
2013 Les Turbulences, Frac Centre-Val de Loire, Orléans
2012 Les Docks, Cité de la mode et du design, Paris
2010 Centre culturel suisse, Paris
2010 Cube orange, Lyon
2008 Logements sociaux Hérold, Paris
2007 Fondation d'entreprise Ricard, Paris
2004 Centre de communication Renault, Boulogne-Billancourt
2004 Théâtre Maxime-Gorki, Le Petit-Quevilly
2003 Café-Musiques (associé à Périphériques), Savigny le Temple
2001 Librairie Florence Loewy, Paris
2000 Restaurant Georges, Centre Georges-Pompidou, Paris
2000 Théâtre L'Éclat, Pont-Audemer
1998 Appartement de Daniel Bosser, Paris
1998 Maison T, La Garenne-Colombes
1998 Galerie Cartwright, Paris
1998 Monument à la Mémoire et à la Paix (associé à F. Vialet et C. Mosbach), Val-de-Reuil
1998 Atelier de Nancy Riegelman, Los Angeles

Concours et projets non réalisés

2020 Tour Tilia, Lausanne
2019 Tour Samsic
2019 Parc des expositions, Liège
2017 Parco centrale, Prato
2017 Parc des expositions, Tanger
2017 Mémorial Ambedkhar, Mumbai
2016 Centre de recherches CEA, Grenoble
2016 Bâtiment France 3-Normandie, Rouen
2015 Réinventer Paris (site Villiers), Paris
2014 Gare Saint-Denis Pleyel, Saint-Denis
2013 École supérieure d'art des Pyrénées, Pau
2013 Centre des mémoires et cultures, Cayenne
2013 Îlot des Marines, Saint-Paul (La Réunion)
2012 Université de Shenzhen, Shenzhen
2012 Parc des expositions, Strasbourg
2010 Centre international d'art et de culture (associé à B612), Liège
2009 Médiathèque, Saint-Malo
2008 Philarmonie, Taipei
2006 Tribunal, Montmorency
2005 Le Fanal, Saint-Nazaire
2005 Centre de conservation et de ressources du Mucem, Marseille
2003 Grand Palais, Paris
2003 Zénith, Strasbourg
2003 Banque centrale européenne, Francfort
2002 Maison H, Propriano
2001 Centre sportif, Courbevoie
1999 Musée du Quai Branly, Paris
1998 Maison Puzzle

Design

2015 Assises pour les espaces d'exposition, Centre Georges-Pompidou, (édition Quinze & Milan)
2013 Tapis « Build » (édition Chevalier)
2013 Bouteille Ricard « Duo »
2012 Table « Pool » (édition Marcel by)
2012 Étagère « Rain » (édition Marcel by)
2011 Siège « Tunnel » (édition Sawaya & Moroni)
2011 Pavillon nomade
2010 Luminaire « Float » (édition Moaroom)
2007 Lit « Ness » (édition Sawaya & Moroni)
2006 Siège « No End » (édition Sawaya & Moroni)
2004 Glassfab The Struggler (édition Nadine Gandy)
2004 Assise « Chambre rouge » (Lafayette maison)
2004 Siège « It» (édition Sawaya & Moroni)
2002 Étagères « T(h)ree » (édition Sawaya & Moroni)
2000 Mobilier du restaurant Georges, Centre Georges-Pompidou (édition Cappellini)

Scénographie

2014 « Chapeaux ! », La vitrine^{am}, Paris
2012 « Les Maîtres du Désordre », musée du Quai Branly, Paris
2012 « Ricard, depuis 1932 », musée des Arts décoratifs, Paris
2010 « Teotihuacan », musée du Quai Branly, Paris
2006 « Identification d'une ville », pavillon de l'Arsenal, Paris
2001 « Ultranoir », Printemps, Paris

Installation

2008 « Conflict », Biennale de Venise, Venise
2007 « Blown Data house », Institut français d'architecture, Paris
2007 « Breathing wall », Southern California Institute of Architecture, Los Angeles
2003 « House Future Present », Nuit blanche, Paris

Architecture, Design, Exhibition Design, Installations

Ongoing Projects

2024 Energy Plug, Saint-Denis
2024 Living Landscape, Reykjavik
2022 The Hive, Architecture and Urban Planning School, Mons
2022 Community House, Knokke-Heist
2022 The Wave, Trinum Digital Art Center, Lomme
2022 The Box, FRAC-Artothèque Nouvelle-Aquitaine, Limoges
2022 The Canopy, Renovation of the Jean-Louis Barrault Library, Avignon
2020 The Wedge, Cinema Complex (in association with Atelier des Deux Anges), Pont-Audemer
2020 Island, Castelnau-le-Lez
2020 Fetilly, La Rochelle

Built Projects

2018 Centre Meary, Paris
2017 Conservatoire Nadia et Lili Boulanger, Noisy-le-Sec
2017 Frédéric Malle Perfume Boutique, Paris
2016 Connected House, Boulogne-Billancourt
2015 Galerie Vallois, Paris
2014 Euronews HQ , Lyon
2013 Entrance Lobby of the Coupole Tower, Paris–La Défense
2013 Les Turbulences, FRAC Centre-Val de Loire, Orléans
2012 The Docks, Cité de la Mode et du Design, Paris
2010 Centre Culturel Suisse, Paris
2010 Orange Cube, Lyon
2008 Hérold Social Housing, Paris
2007 Fondation d'Entreprise Ricard, Paris
2004 Renault Communication Center, Boulogne-Billancourt
2004 Maxime-Gorki Theater, Le Petit-Quevilly
2003 Café-Musiques (in association with Périphériques), Savigny le Temple
2001 Florence Loewy Bookstore, Paris
2000 Georges Restaurant, Centre Pompidou, Paris
2000 L'Éclat Theater, Pont-Audemer
1998 Daniel Bosser's Apartment, Paris
1998 T House, La Garenne-Colombes
1998 Galerie Cartwright, Paris
1998 Memory and Peace Memorial (in association with F. Vialet and C. Mosbach), Val-de-Reuil
1998 Nancy Riegelman's Studio, Los Angeles

Competition Entries and Unbuilt Projects

2020 Tilia Tower, Lausanne
2019 Samsic Tower, Rennes
2019 Exhibition Center, Liège
2017 Parco Centrale, Prato
2017 Exhibition Center, Tangier
2017 Ambedkhar Memorial, Mumbai
2016 CEA Research Center, Grenoble
2016 France 3 Normandie Building, Rouen
2015 Reinventing Paris (Villiers), Paris
2014 Saint-Denis Pleyel Station, Saint-Denis
2013 École Supérieure d'Art des Pyrénées, Pau
2013 Centre des Mémoires et Cultures, Cayenne
2013 Îlot des Marines, Saint-Paul (La Réunion)
2012 Shenzhen University, Shenzhen
2012 Exhibition Center, Strasbourg
2010 Centre International d'Art et de Culture (in association with B612), Liège
2009 Library, Saint-Malo
2008 Concert Hall, Taipei
2006 Court House, Montmorency
2005 Le Fanal, Saint-Nazaire
2005 MuCEM Center for Conservation and Resources, Marseille
2003 Grand-Palais, Paris
2003 Zénith, Strasbourg
2003 European Central Bank, Frankfurt
2002 Maison H, Propriano
2001 Sports Arena, Courbevoie
1999 Musée du Quai Branly, Paris
1998 Puzzle House

Design

2015 Seating for gallery spaces at Centre Pompidou (with Quinze & Milan)
2013 "Build" rug (with Chevalier)
2013 Ricard "Duo" bottle
2012 "Pool" table (with Marcel by)
2012 "Rain" shelving unit (with Marcel by)
2011 "Tunnel" bench (with Sawaya & Moroni)
2011 Nomad Pavilion
2010 "Float" lamp (with Moaroom)
2007 "Ness" bed (with Sawaya & Moroni)
2006 "No End" seating (with Sawaya & Moroni)
2004 Glassfab "The Struggler" (with Nadine Gandy)
2004 "Red Room" seating (Lafayette Maison)
2004 "It" seating (with Sawaya & Moroni)
2002 "T(h)ree" shelving unit (with Sawaya & Moroni)
2000 Furniture for Georges Restaurant, Centre Pompidou (with Cappellini)

Exhibition Design

2014 "Chapeaux!", La vitrine^{am}, Paris
2012 "Les Maîtres du Désordre," Musée du Quai Branly, Paris
2012 "Ricard, depuis 1932," Musée des Arts Décoratifs, Paris
2010 "Teotihuacan," Musée du Quai Branly, Paris
2006 "Identification d'une ville," Pavillon de l'Arsenal, Paris
2001 "Ultranoir," Le Printemps, Paris

Installations

2008 "Conflict," Venice Biennale, Venice
2007 "Blown Data House," Institut Français d'Architecture, Paris
2007 "Breathing Wall," Southern California Institute of Architecture, Los Angeles
2003 "House Future Present," Nuit Blanche, Paris

L'équipe de l'agence
The Studio Team

Trevor Ablott
Axel Adam
Mouna Afourid
Jean Allard
Patricia Alves
Létizia Antoniol
François Arnawout
Arthur Azoulay
Nadine Bau
Zach Beale
Marie Biaggi
Grégory Bismuth
Félicie Botton
Ghali Bouayad
Raphaël Boursier
Ingrid Boutet
Alice Boyaval
Pierre Brocas
Florian Brillet
Jacques Cadillac
Alessandro Carabini
Javier Cardiel Martin
Antonino Caridi
Cornelius Carl
David Carmona
Emmanuelle Castella
Vincent Chagniot
Léa Chang
Corentin Chapelle
Hussein Chehab
Eric Cheong
Daniel Christiansen
Ariel Claudet
Carl Cornelius
Louis-Thomas Coupier
Arnaud Coutine
Callixte Dechin
Iulia Maria Delcea
Adrien Del Grande
Romain De Santis
Nicolas Desbrandes
Emmanuel Desmazières
Alain Deswartes
Tomaso Di Castri
Bruno Douliery
Pauline Dumont
Gaspard Elmassian
Gabrielle Evangelisti
Benoit Evano Allinc
Xiaofu Fei
Valérie-Anne Fleytoux
Michaël Frantsuzov
Natacha Fricout
Sébastien Gamelin
Yanqing Gao
Patrice Gardera
Gaston Gonzalez Vivo
Laurent Gravier
Khema Ham
Mathieu Hellenis
Rainer Hermes
Antoine Hersant
Valère Hoguait
Thomas Hostache
Cedric Housset
Jean-Jacques Hubert
Edgar Jayet
Min-Hyun Ju
Nur Esin Karaosman
Philippe Krych
Antoine Lacoste
Christian Lahoude
Stefan Laxness
Jean-Christophe Lecoublet
Arthur Lemaire
Olivier Leroy
Pierre Louvet
Philippe Macaigne
Furio Magaraggia
Petra Maier
Atticus Manchego
Stefano Manzo
Michele Marjerus
Ondine Masson
Agathe Michel
Andréa Mignot
Corentin Morgan de Rivery
Richard N'Guyen
Thomas Niedernkorn
Cheri Okumura
Dianka Oumou
Dalila Ounzi
Fanny Orihuela
Éric Page
Oliver Page
Taehoon Park
Jean-Étienne Pernot
Sophie Picoty
Suzy Plusquellec
Pierre Prunet Vogel
Vincent Prunier
Adrien Ravon
Henri Riviere
Angeline Roche
Alex Rodriguez
Arnaud Rossi
Thomas Sablayrolles
Radhia Sakal
Antoine Santiard
Gioa Sawoya
Raffaela Schmied
Jorge Sedano
Léon Seibert
Léa Siat
Ken Sogawa
Thibault Sortes
Erwin Souveton
Axel de Stampa
Daisuke Sugawara
Baptiste Sulpicy
Taichi Sunayama
Andres Svetzuk
Paola Volpone
Chris Winwood
André Yonna
...

Remerciements
Acknowledgments

Dominique Jakob et Brendan MacFarlane tiennent à remercier chaleureusement les maîtres d'ouvrage des projets présentés dans ce livre, ainsi que l'ensemble des équipes d'ingénierie, des artistes, des consultants, des artisans et des entreprises qui ont suivi leur conception.

La publication *Jakob+ MacFarlane Architecture* a été rendue possible grâce au généreux soutien du Groupe Cardinal et de son président Jean-Christophe Larose. Soucieux de répondre aux enjeux de la ville de demain, le Groupe Cardinal propose une nouvelle lecture de l'espace urbain à travers ses projets immobiliers tertiaires, hôteliers, résidentiels et hospitaliers. Son approche globale en matière d'urbanisme, de transition énergétique et de modularité des espaces répond aux nouvelles façons de vivre, de consommer et de travailler. L'image du Groupe Cardinal est désormais étroitement liée à celle du Cube orange à Lyon Confluence, première collaboration avec Jakob + MacFarlane autour d'un ADN commun de créativité et de d'audace.

Dominique Jakob et Brendan MacFarlane remercient également la fondation d'entreprise Ricard, Alpolic, SDC_lab et Quinze & Milan pour leur précieuse participation à l'ouvrage.

Dominique Jakob and Brendan MacFarlane would like to express their sincere gratitude to the clients who commissioned the projects in this book, as well as all the engineering teams, artists, consultants, craftsmen, and construction companies who were involved in their conception.

The publication of *Jakob + MacFarlane Architecture* has been made possible thanks to the generous support of Groupe Cardinal and its president, Jean-Christophe Larose. Concerned with the question of how best to shape the towns of tomorrow, Groupe Cardinal promotes a new interpretation of urban space through its developments for service industries, hotels, housing, and hospitals. Its global approach to urban planning, green energy, and modular spaces is a response to new ways of living, consuming, and working. Today the image of Groupe Cardinal is closely linked to the Orange Cube in Lyon, its first collaboration with Jakob + MacFarlane, which grew from a common vision of creativity and daring.

Dominique Jakob and Brendan MacFarlane would also like to thank the Fondation d'Entreprise Ricard, Alpolic, SDC_lab, and Quinze & Milan for their valued contributions to the present book.

CARDINAL promoteur immobilier
ALPOLIC™
FONDATION D'ENTREPRISE RICARD
SDC lab

Crédits photographiques
Photographic Credits
11h45 : p. 172
Martin Argyroglo : pp. 96-97
Nicolas Borel : pp. 26, 34-35, 46-47, 48-49, 51, 59, 66-67, 71, 76, 89, 94, 102-103, 114-115, 118, 120, 121, 122-123, 124, 125, 133, 134-135, 136, 137, 138, 139, 140, 141, 144, 146-147, 148, 150, 151, 155, 156-157, 158, 159, 160, 161, 162-163, 166-167, 168, 170-171, 173, 174-175, 226, 228, 232-233, 234, 236-237, 238-239, 240, 241, 242-243, 244, 246-247, 248, 249, 256, 258-259, 260, 261, 262-263, 264, 271, 273
Judith Bormand : pp. 196, 200-201, 202-203, 204-205, 207, 208, 250, 252-253, 255
Philippe Cazal : p. 50
Stéphane Couturier : pp. 100, 104, 105, 106, 107, 108, 109, 110, 111, 112-113, 116
Marc Domage : pp. 230, 231
James Ewing : pp.127, 132, 152, 153, 154, 155, 158, 164-165
Kleine Fenn : pp. 228, 229
Patrick Gries : pp. 29, 56
Roland Halbe : pp. 30-31, 32-33, 36-37, 38-39, 40, 42-43, 44-45, 52-53, 54, 57, 58, 60-61, 62-63, 64-65, 68-69, 70-71, 72-73, 74-75, 80-81, 82-83, 84-85, 86-87, 88-89, 90-91, 92-93, 95, 98-99, 176, 182, 183, 184, 185, 186, 187, 188, 189, 190-191, 192, 193, 206, 209, 210, 211, 212-213, 214-215, 216, 218-219, 220-221, 222-223, 224-225
Francois Lauginie : p. 79
Aurélien Mole : p. 231
Jean-Marie Monthiers : pp. 266, 267, 268-269, 270, 272, 274-275, 276-277
Paul Raftery : pp. 126, 130-131, 140, 142-143
Alexandre Tabaste : p. 300
Patrice Zito : pp. 178-179, 180, 181, 194-195

Texte | Text
Philip Jodidio

Conception graphique | Design
Philippe Apeloig
Assisté de | Assisted by
Léo Grunstein

Jakob + MacFarlane
Gaspard Elmassian
Cecilia Hurstel
Esin Karaosman
Ana Yudina

Flammarion
Direction éditoriale
Editorial Directors
Henri Julien
Kate Mascaro

Édition | Editors
Helen Adedotun
Virginie Maubourguet
Sam Wythe

Traduction française
French Translation
Bérengère Viennot

Révision française
French Copyediting
Alice Breuil

Révision anglaise
English Copyediting
Lindsay Porter

Fabrication | Production
Corinne Trovarelli

Photogravure | Color Separation
Arciel Graphic

Achevé d'imprimer
par Graphicom, Italie,
en juillet 2020
Printed in Italy by Graphicom,
July 2020

Édition verte
Green cloth-bound edition
ISBN 978-2-08-150821-7
Édition orange
Orange cloth-bound edition
ISBN 978-2-08-150829-3

Flammarion, S.A.
87, quai Panhard-et-Levassor
75647 Paris Cedex 13
editions.flammarion.com
partenariats@flammarion.fr

Dépôt légal : 11 / 2020
20 21 22 3 2 1